MILO DE ANGELIS

Last Stops of the Night Journey

Translated from the Italian
by Patrizio Ceccagnoli and Susan Stewart

archipelago books

Copyright © Milo De Angelis, 2015, 2021

English language translation © Patrizio Ceccagnoli and Susan Stewart, 2025

Originally published by Oscar Mondadori as *Incontri e aguatti* (2015)
and *Linea intera, linea spezzata* (2021)

First Archipelago Books Edition, 2025

Cover Art: Anselm Kiefer's "Von der Maas bis an die Memel, von der Etsch
bis an den Belt," copyright © Anselm Kiefer, 2012. Photo by Charles Duprat.

All rights reserved. No part of this book may be reproduced or transmitted
in any form without the prior written permission of the publisher.

Library of Congress Cataloging-in-Publication Data available upon request.

ISBN: 9781962770637

Archipelago Books
232 3rd Street #A111
Brooklyn, NY 11215
www.archipelagobooks.org

Distributed by Penguin Random House
www.penguinrandomhouse.com

The authorized representative in the EU for product safety and compliance
is eucomply OÜ, Pärnu mnt 139b-14, 11317 Tallinn, Estonia,
hello@eucompliancepartner.com, +33 757690241

This work is made possible by the New York State Council on the Arts with the support of
the Office of the Governor and the New York State Legislature. Funding for the publication
of this book was provided by a grant from the Carl Lesnor Family Foundation, the Istituto
Italiano di Cultura / Italian Cultural Institute, and the Hawthornden Foundation.

PRINTED IN CANADA

Table of Contents

On Teaching in Prison: An Interview 7
Patrizio Ceccagnoli with Milo De Angelis

Incontri e agguati | Encounters and Ambushes

I. *Guerra di trincea* | Trench Warfare 17

II. *Incontri e agguati* | Encounters and Ambushes 57

III. *Alta sorveglianza* | High Security 101

Linea intera, linea spezzata | Solid Line, Broken Line

I. *Linea intera, linea spezzata*
Solid Line, Broken Line 161

II. *Nove tappe del viaggio notturno*
Nine Stops of the Night Journey 199

III. *Dialoghi con le ore contate*
Dialogues with Numbered Hours 219

IV. *Aurora con rasoio* | Dawn with a Razor 261

About the Author 317

On Teaching In Prison: An Interview
Patrizio Ceccagnoli with Milo De Angelis

Where is the prison where you teach?

Since 1996, I have been teaching Italian Literature at Opera, a maximum-security prison in the suburbs of Milan. Here, in this prison, I will continue to teach as long as I can. After spending so many years of my life working in a penitentiary, I believe that this is my vocation and destiny.

Why did you start teaching in prison?

In a sense the world of the penitentiary has always been close to me. At first, in a somewhat romantic way, I intuited it as a Dostoevskian memory of "the underground"—of demons, of the injured, of the cursed. Then, I had the opportunity to know it in person in all of its historical and existential dynamics. And I decided to stay.

What kind of relationship have you established with your students?

From the first day, I walked into class convinced that I had an essential task: that of teaching love for poetry, and, by means of this, love for life. I hope I have succeeded, through the years, in transmitting this conviction. And I have wanted to show that the experience of poetry, with its profound necessity and daily salvation, can reach the very depth of the human heart and inhabit the abyss.

How does the prisoners' sorrow affect you?

Without doubt, there is a suffering particular to the imprisoned man. Within him is also curiosity, enthusiasm, the desire to know, the lure of the unknown, as there is in any other student. In the most sensitive prisoners, there is also the nostalgia of exile: the memory of lost odors and colors, a beloved body or path, a remote childhood made more legendary by the years of imprisonment. All of this makes prison a place receptive to the sound of poetry and poetic language, which is often the language of memory, of time lost and found.

Could you tell us about your experience as a teacher? Is it really possible to bring poetry inside prison walls?

I try to spread the gospel of poetry in prison. I remain sharply aware not only of the thousand obstacles (transfers, interviews, nervous breakdowns, any kind of interruption), but also of the advantages of prison, the space of exile and of memory, as a fertile ground for the poetic word. Poetic language must be read as a whole and must be offered in its nudity, without verbal or sociological nonsense. It must be offered as a solemn rite, as something on which our salvation depends.

What do you think of the problems currently associated with the penal system?

There are countless problems associated with the penal system, but in recent years I have mainly been concerned with what we call detention "ostativa" (impeding detention), which is a type of detention particular to Italy and which went into law as an emergency measure after the murder of the judges Falcone and Borsellino in 1992. It was supposed to be an emergency measure for a few years only, but instead it is still active today. This type of detention is the most common in the Opera prison and represents a serious ethical and juridical issue. For those who might not know about it, a fixed life sentence, unlike the "common" life sentence, is mandated to be enforced in perpetuity, and denies the prisoner any alternative punishment. It is called "ostativa" because it is a type of detention that impedes the possibility of any legal recourse. I follow its development closely through conferences and committee work, and it is easy to understand why it is controversial: according to many jurists, this form of life sentence is in conflict with the twenty-seventh article of the Italian Constitution, which deals with the rehabilitative goals of punishment. Moreover, since this life sentence denies the prisoner any hope of return to civil life, it irrevocably condemns prisoners to die within the walls of the prison.

What has affected you the most in all these years of pedagogical activity in prison?

Possibly what has affected me the most in these many years is the role of memory, "ricordo" a word which etymologically evokes the heart ("core, cuore"). Prison is *naturally* the space of soul-searching and memory. However, it is a memory that is broken into two parts. On the one hand, all of the years spent behind bars tend to merge into a single entity, constantly repeating itself, a litany of interviews, shake-downs, and "rec time." On the other hand, everything that happened before the arrest acquires the fabulous contours of youth: a time entirely lost and therefore eternal. A prodigious memory is thus born, within the more poetically inclined prisoners, one capable of dwelling on one remote day and living it; it is a memory that moves in slow motion, that magnifies details and slows down action. It produces a freeze-frame, it imposes this scene upon the eye and fixes it. Exile and the wounds of trauma sometimes offer the rare and precious beauty of an exemplary memory.

How did the working experience in prison inspire your poetry and writing process?

To continue from the previous question, I want to add that Franco (a student particularly dear to me) has also been a formidable specialist of memory, a true master of memory. Franco is a Sicilian prisoner who killed his young wife. Through fragmentary memories, he speaks about the crime which has invaded his mind. "All men kill the thing they love," he told me at our first meeting, quoting Oscar Wilde. His bloody gesture has been at the core of letters, compositions, messages, discussions, and as well his aghast silences. This student has become—with his heartbreaking tale of love and blood—the protagonist of the last section of my recently released book, *Encounters and Ambushes* (*Incontri e agguati*), where prison, for the first time, enters directly into my writing, and nourishes it with its wounded and uneasy voice.

August 31, 2016
Milano

Last Stops of the Night Journey

INCONTRI E AGGUATI
ENCOUNTERS AND AMBUSHES

I.

GUERRA DI TRINCEA
TRENCH WARFARE

Questa morte è un'officina
ci lavoro da anni e anni
conosco i pezzi buoni e quelli deboli,
i giorni propizi, la virtù
di applicarsi minuto per minuto e quella
di sostare, sostare e attendere
una soluzione nuova per il guasto.
Vieni, amico mio, ti faccio vedere,
ti racconto.

This death is a repair shop
I've been working here for years and years
and know the solid parts and the shoddy ones,
the lucky days, the merits
of tinkering, minute by minute, and those
of pausing, pausing and waiting
for a new fix after the breakdown.
Come here, my friend, I'll show you,
I'll tell you about it.

Tutto cominciò in una cameretta
con i regali e le candeline
che in un soffio spensero mio padre
fermo nella sua giacca per sempre
e un cerchio di puro niente mi assalì
in un solo attimo franò sul tavolo
e mi mostrò cento di questi giorni.

It all began in a little bedroom
with presents and candles
that, in one breath, extinguished my father
standing still forever in his blazer
and a circle of pure nothingness assailed me
as all at once he collapsed on the table
in a heap of happy returns.

....
....
...............nel 1967, dopo una lunga guerra
di trincea, dopo una guerra di metri
guadagnati e persi, iniziai
una trattativa con la morte.

....
....
..................in 1967, after a long war in
the trenches, after a war of meters
gained and lost, I began
a negotiation with death.

Iniziai dunque a trattare, sì, a trattare
ma lei recalcitrava, negava la firma,
si dava per dispersa e riappariva sul più bello
nella vela di una carezza o nella voce
che indicava lassù un'orsa favolosa
era lei con un sapore di mandorle bruciate
iniettava nell'alba il suo buio primitivo.

I began, then, to negotiate, yes, to negotiate
but she was stubborn, refusing to sign,
she pretended to have gone missing then showed up
in the swell of a sail of a caress or in the voice
that pointed up to a bear in the heavens
she bore an odor of burnt almonds
and filled the dawn with its primitive dark.

Con la morte ho tentato seriamente
per un po' è stata buona
ha rinunciato al suo impero universale
ha cominciato a muoversi caso per caso
ha lenito alcuni sussulti con il suo unguento
poi ha cominciato a intonare
una canzone cantata in re.

I gave death a serious try
for a while she behaved
she renounced her universal empire
she started to proceed case by case
she soothed some tremors with her ointment
and began to sing
a song in the key of D.

Con la morte ho cercato ancora
un patto, ma lei era astuta e discontinua
appariva nei traffici dell'amore,
diventava giallore e numero fisso
era il respiro e l'artiglio nel respiro
un'ora murata
galleggiava nel fradiciume della vasca.

With death I searched again
for a deal, but she was cunning and fickle
she showed up in the traffic of love
she became jaundiced, a fixed integer,
she was the breath and the talon in the breath
a walled-up hour
was floating in the vessel's rot.

Poi, di colpo, un lunedì di febbraio
tutto è tornato come prima... è uscita
dal suo feudo,
ha fatto incursioni, all'alba,
nella casella della posta, ha ripreso
la sua cerimonia incessante, ha diffuso
un canto di puro gelo
ha cercato proprio noi.

Then, suddenly, a Monday in February
everything turned back to its start... she left
her domain,
she made a raid, at dawn,
in the mailbox, she resumed
her ceaseless ceremony, she spread
a song of pure ice
she searched for us alone.

E ha cominciato a parlare,
quella figura plenaria,
come il capobranco della nostra fine
soffocava il lievito felice,
affondava con il piede la barca
infantile di due foglie
ci lanciava il suo avvertimento.

And she began to talk,
that plenary figure,
like the ringleader of our end
smothering the happy yeast,
tipping over the two-leaved childish
boat with her foot
she was giving us her warning.

"Sarai una sillaba senza luce,
 non giungerai all'incanto, resterai
 impigliato nelle stanze della tua logica"

"Sarai la crepa stessa
 delle tue frasi, una recidiva,
 una voce deportata, l'unica voce
 che non si rigenera morendo"

"You will be a syllable without light,
 you will not reach any enchantment, you will be
 caught in the rooms of your logic"

"You will be the very crack
 of your sentences, a recidivist,
 a deported voice, the only voice
 that is not brought back to life by dying"

"Morirai invaso dalle domande
correndo contro vento a braccia tese
ricordando il tepore della sorridente
scaverai nella miniera dell'ultimo vederla
formerai a poco a poco la parola niente"

"You will die invaded by questions
running with open arms against the wind
remembering the mild heat of her smiling
you will dig through the mine of the last time you saw her
and little by little shape the word nothing"

Ero divenuto ormai l'incarnazione
di ciò che perdiamo, in me si raccoglieva
tutto ciò che a poco a poco viene radiato
non prendevo più nota del giorno e dell'ora
mi assentavo
dall'antico fenomeno del mondo.

I had become by now the incarnation
of what we lose, within me every
forbidden thing was gathering
I no longer noticed the day and the hour
I turned my back to
the antique phenomenon of the world.

Nessuno, morte, ti conosce meglio di me
nessuno ti ha frugata in tutto il corpo
nessuno ha cominciato così presto
a fronteggiarti... tu nuda e ribelle alla farsa
delle preghiere... tu mi hai rivelato
il pungiglione delle ore perdute
e la malia di quelle che mi attendevano felici
e senza dio... in un area di rigore... laggiù...
nel fischio micidiale del minuto.

Nobody, death, knows you more than I do
nobody searched for you throughout the body
nobody started so early
to face you... you, naked and rebellious in the farce
of your prayers... you revealed to me
the sting of lost hours
and the spell of those that await me happy
and without god... in a penalty area... over there...
in the lethal whistle of the minute.

C'era un oracolo sepolto
non capivo le parole
ma una viola bronzata e velenosa
entrava in quel momento freddo
in quel mormorio
di indizi e milligrammi
era la nostra orbita colpita
come una discordia
nel cuore della prima volta.

There was a buried oracle
whose words I could not catch
but a violet, bronzed and poisonous,
entered into that cold moment
in that hum
of addresses and milligrams
it was our orbit slammed
like a quarrel
in the heart of the first time.

Non puoi immaginare, amico mio, quante cose
restano nascoste in una fine, non puoi
capire il pietrame triturato
che diventa la tua vita
eppure era bella, lo ricordo, era quella
che il vigore cosmico chiedeva, una giovinezza di frutteti,
l'arte suprema che mia madre augurava.

You can't imagine, my friend, how many things
stay hidden in an end, you can't
understand the crushed gravel
your life becomes
yet it was beautiful, I remember it,
it was what the cosmic force asked for, a youth of orchards,
the exalted art my mother had hoped for.

Non so, credimi, se riuscirò. Ascolta,
vienimi vicino, posso dirti che il sangue
zampilla scuro ma non riesco a cancellarmi
c'è un silenzio fatato che in me respira,
un sussurro di quaderni scritti a mano
e la parola precisa, dio mio, quella parola
che alla trincea della fine mostrò un frutto.

I do not know, believe me, if I will make it. Listen,
come near me, I can tell you that the blood
gushes dark but I cannot erase myself
there is an enchanted silence that breathes in me,
a whisper of a handwritten notebook
and the precise word, my god, that word
that bore fruit at the final trench.

Ho cercato il punto fermo
che fissa un confine
e non lo supera
ma fu inutile: altri saliscendi
della mente, altre maree
travolsero il nostro puntaspilli,
ci gettarono nel sangue.

I searched for the unwavering point
that defines a border
and does not overcome it
but it was useless: other ups and downs
of the mind, other tides
swept away our pincushion,
they threw us into blood.

Vicino alla morte tutto è presente
non c'è infanzia né paradiso
tu cadi in un urlo segreto
e non parli
cerchi un arcano
e trovi solo materia, materia
che non trema e ti guarda impassibile
e avvicina muta i due estremi.

In death's vicinity everything is present
there is no childhood, no paradise
you fall into a secret scream
and unspeaking
search for a mystery
and find only matter, matter
staunch, staring at you, deadpan,
mutely juxtaposing the two extremes.

Ogni frutto ha un tremore
e da quelle antiche terre mi raggiunge
ora sono il precipizio di me stesso
e a poco a poco la vita
s'impiglia nella sua fine per sempre.

Every fruit has its tremor
and it reaches me from those ancient lands
now I am the precipice of myself
and little by little life
is caught in its end forever.

Sono in un segreto frastuono
sono in questo cortile d'aria
e ogni parola di lei violaciocca
mi fa pensare a ciò che sono
un povero fiore di fiume
che si è aggrappato alla poesia.

I am in a secret uproar
I am in this airy courtyard
and each of her words, wallflower,
makes me think of what I am not
a poor flower of the stream
clinging onto poetry.

II.

INCONTRI E AGGUATI
ENCOUNTERS AND AMBUSHES

Questa sera ruota la vena
dell'universo e io esco, come vedi,
dalla mia pietra per parlarti ancora
della vita, di me e di te, della tua vita
che osservo dai grandi notturni e ti scruto e sento
un vuoto mai estinto nella fronte, un vuoto
torrenziale che ti agitava nel rosso dei giochi
e adesso ritorna e ancora ritorna
e arresta la danza delle sillabe
dove accadevi ritmicamente e tu
sei offeso da una voce monocorde e tu
perdi il gomitolo dei giorni e spezzi
la tua sola clessidra e ristagni e vorrei
aiutarti come sempre ma non posso
fare altro che una fuga partigiana da questo cerchio
e guardare il buio che ti oscilla tra le tempie e ti castiga,
figlio mio.

This evening the vein
of the universe turns and, as you can see,
I am coming out of my stone to speak to you again
about life, about me and you, about your life
that I view from the great nocturnes and I look for you and feel
an emptiness, never fading, above my eyes, a torrential emptiness
that shook you in the flush of the games
and now comes back and comes back again
and brings the dance of syllables to a halt
where you fall into the beat and you
take offense at the same old nagging voice
and drop the ball of strung-together days and break
your only hourglass and grow lethargic and, as always,
I'd like to help you, but I can't
make more than a partisan's flight from this circle,
watching the darkness that spins between your temples and
    punishes you,
my son.

Bella come un grido ti ritrovo
nel tintinnio delle colline
quando lottavi sul prato con i maschi
in una giovinezza di soli istanti
in un sussurro di finte e schivate
ti guardavano i rami del tiglio
e si tendono le braccia vittoriose
a tutti noi che restiamo.

Beautiful like a cry I find you
once more in the hill's tinkling
when you wrestled on the grass with the boys
during a youth made of only moments
in a whisper of feints and dodges
linden branches watching over you
and stretching their victorious arms
toward all of us who stay.

Il tempo era il tuo unico compagno
e tra quelle anime inascoltate
vidi te che camminavi
sulla linea dei comignoli
ti aprivi le vene
tra un grammo e un altro grammo
bisbigliavi l'inno dei corpi perduti
nel turno di notte
dicevi cercatemi
cercatemi sotto le parole e avevi
una gonna azzurra e un viso
sbagliato e sulla tua mano
scrutavi una linea sola e il nulla
iniziò a prendere forma.

Time was your sole companion
and among those unheard souls
I saw you walking
along the line of chimney pots
you were opening your veins
between one gram and the next
you were whispering the hymn of lost bodies
in the night-shift
you said look for me
look for me beneath the words and you wore
a blue skirt and the wrong face
and you were tracking a single line
on your hand and the nothing
began to take shape.

Nella nebbia serale, tra gli squilibri della mente,
sei scesa come un alleato
con il tuo sguardo matematico hai indicato
alcune grandezze, hai disegnato sull'asfalto
i minuti di un teorema ridente e ogni minuto
è un'epoca che abbraccio e tu non lasci
deserte le ore, a ognuna dai un nome
e una misura, disegni angoli, parallele
e soluzioni, dimostri che i corpi,
come un paesaggio, s'incontrano all'infinito.

In the evening fog, within the mind's upheavals,
you came down like an ally
with your mathematical look you put things
in scale, you drew on the asphalt
a smiling theorem's minutes and every minute
is an age that I embrace and you never
abandon the hours, to each one you give a name
and a measure, you draw angles, parallels,
and solutions, you demonstrate that bodies,
like landscapes, meet at infinity.

Una lama di fosforo ti distingueva
e ti minacciava, in classe terza,
ti chiedeva ogni volta il voto più alto, l'esempio
perfetto del condottiero: sei stato tra la gloria
e il sacrificio umano
e hai scelto di non avere più nulla.

Ma oggi ti è riuscito
l'antico affondo, il pezzo di bravura,
chiamandomi per nome tra la polfer e i sonnambuli
del binario ventidue "Ti ricordi di me?
Io abito qui." "Ricordo quella versione
di Tucidide difficilissima. Solo tu... solo tu."
"Toiósde men o táfos eghéneto..."

Hai ancora il guizzo
dello studente strepitoso, l'aggettivo
che si posa sul foglio e svetta, la frase
di una lingua canonica e nuova, quel tuo
tradurre all'istante a occhi socchiusi. Dove sei,
ti chiedo silenzioso. Dove siamo? I frutti
restano dentro e bruciano segreti
in un tempo lontano dalla luce,
in una giostra di libellule o in un sasso.

A phosphorous knife-blade separated
and menaced you, in senior year,
always asking you for high grades, the model
of a perfect leader: you were between glory
and human sacrifice
and chose to have nothing.

But today you triumphed
in the ancient lunge, the bit of skill,
calling to me by name between rail police and sleepwalkers
on Track 22 "Do you remember me?
I live here." "I remember that difficult passage
in Thucydides. Only you... only you,"
"Toiósde men o táfos eghéneto...."*

You still have the spark
of the star student, the adjective
that stretches out in relief on the page, the sentence
of a language both ancient and new, that you
translate in an instant with your eyes half-closed. Where are you,
I silently ask you. Where are we? The fruit
stays within and burns secrets
in a time far from the light,
in a carousel of dragonflies or in a stone.

* *Thucydides*, Peloponnesian War, Book 2 ,Chapter 47, Section 1: *"so it was with the tomb"*

Sdraiato tra i macchinari del respiro
qualcosa in te gridava, Mario, correva in cerchio
e tornava giù in fondo, sbarrato dalle labbra,
verità che ha perso il cammino
nel rettangolo scosceso di una piastrella.
Dov'eri? Quel masso sopra la voce, quel petto
solcato dal niente: il sangue tuona
tra i pensieri, un impasto di frasi cade
sul lenzuolo. Tu vedi l'erba muta, la casa,
qualcosa di buono e lontano, qualcosa
che culla il respiro e lo fa suo, cerchi
nel tumulto una lampada sulla via, una mano
che scioglie il groviglio e riporta la dolce
voce umana dei corpi in movimento.

Lying down between the machineries of breath
something in you cried out, Mario, ran in circles
and turned again to the bottom, barred by the lips,
truth that lost its way
in the steep rectangle of a tile.
Where were you? That boulder above the voice, that breast
plowed by nothingness: the blood thunders
among thoughts, a mishmash of sentences falls
on the bed sheet. You see the muted grass, the house,
something good and far away, something
that lulls the breath and makes it its own, you look
amid the tumult for a lamp to light the way, a hand
that untangles the knot and carries back the sweet
human voice of bodies in motion.

Il vento ti accompagna a ogni virata
sei la freccia innegabile che colpisce un acino d'uva
e lo conduce intatto dall'altro lato
della piscina e ci strappa via la morte
e ci porta fulminei nel visibilio
degli applausi e noi siamo la tua
cadenza, l'avvento della mano che sfiora
ogni goccia e accende la sua melodia e sussurra
l'inizio esultante di una vita che si compie.

The wind stays with you at every veering
you are the undeniable arrow that hits a grape
and carries it intact to the other side
of the swimming pool and strips us of our death
and transports us like lightning into the ecstasy
of applause and we are your
cadenza, the advent of the hand that skims
every drop and switches on its melody and whispers
the triumphant start of a fulfilling life.

"Mi sono allontanato, vedi, dal campo
delle nostre partite iridescenti
e mi troverai qui, sotto le parole:
il quaderno è stato il mio unico compagno
e ora sulla mano, vedi, c'è la linea della morte.

Solo tu puoi salvarmi, solo tu
con un tiro all'incrocio prodigioso"

"Look, I left the field
of our iridescent games
and you will find me here, under the words:
the notebook has been my only company
and now there, on my hand, you see, the line of death.

Only you can save me, only you,
with a prodigious shot to the crossbar of the goalpost"

Dolce niente
che mi hai condotto negli anni
del puro suono, quando tutto si diffondeva
dalle vaste novelle dei genitori
e il mondo sconosciuto ci chiamò...

...e tu invece, cupo niente dell'esilio,
niente delle anime senza risposta,
niente infuriato e sanguinante,
ustione del fiore reciso...

    dolce niente e cupo niente
voi siete la stessa cosa per sempre.

Sweet nothing
that has led me through years
of pure sound, when everything radiated
out of the vast stories of the parents
and the unknown world called us...

...though you, somber nothing of exile,
nothing of mute souls,
furious nothing, and bleeding,
scorch of the severed flower...

    sweet nothing and somber nothing
you are the same thing forever.

...mi trovai così nell'aldilà...
...non puoi immaginare la mia meraviglia...
...io pensavo alla grande punizione divina,
pensavo all'incendio dei corpi e al tribunale dei santi
ma questo non accade... no... non accade... ci sono
scene bianche e scene mortali, ci sono alcuni corridoi
al ritmo di un'immensa maratona e poi ci sono
le impronte bellissime della cantante
che impresse nel cemento i piedi nudi e c'è persino lei,
la sacra ragazzina... io la chiamo... lei sorride...
sorride ancora... e poi affonda nella risaia...

...I found myself in the afterlife...
...you cannot imagine my surprise...
...I was picturing the great divine punishment,
I was picturing the fiery bodies and the tribunal of saints
but that's not what happens... no... it isn't... there are
white scenes and mortal scenes, there are people running
to the rhythm of an immense marathon and then there are
the beautiful footprints of the singer
who pressed her bare feet in the cement and even she,
the sacred little girl... I call to her... she smiles...
she smiles again... and then she sinks into the rice field...

Un'impronta infinita di interrogazioni e di voti
ritorna in questa camera
nel gioco dei tre cuscini e delle unghie viola
non restare in silenzio, non restare
neanche per un attimo per scherzo per sfida
ti rimarrà un segno sulla fronte
lei lo vedrà, non ti amerà più, fuggirà per sempre.

An infinite trace of oral exams and grades
comes back into this bedroom
through the game of the three pillows and purple nails
don't stay silent, do not stay
not even for a moment for a joke for a challenge
you will get a mark on your forehead
she will see it, she won't love you anymore, she will run away
    forever.

Ora tu ritorni nella vigna,
nella vigna trovi gli antichi giudizi
e la gioia afferrata per un soffio, Angelo
Lumelli, in questo rifugio di volpi e salite
abbandoni ciò che non è stato, traduci
le grandi musiche tedesche
per noi innamorati, sei il maestro
che aggrava ogni gesto dentro se stesso
ma sorride in un ballo nuziale di moscerini.

Now you return to the vineyard,
in the vineyard you find ancient judgments
and joy caught by a whisker, Angelo
Lumelli, in this refuge of foxes and steep paths
you abandon what has not been, you translate
the great German scores
for those of us who are in love, you the maestro
who torments every gesture within himself,
but smiles inside the wedding dance of the gnats.

Ti ritrovo alla stazione di Greco
magro come un rasoio e ulcerato da un chiodo
che tu chiamavi poesia poesia poesia
ed era l'inverno eroico di un tempo
che si oppone alla vita giocoliera... e vorrei
parlarti ma tu ti accucci in un silenzio
ferito, ti fermi sul binario tronco,
fissi il rammendo delle tue dita
con la gola secca di fendimetrazina,
e la palpebra accesa da mille frequenze
mentre la Polfer irrompe nel sonno elettrico
e riduce ogni tuo millimetro all'analisi del sangue...
...vorrei parlarti, mio unico amico, parlare solo a te
che sei entrato nel tremendo e hai camminato
sul filo delle grondaie, nella torsione muscolare
delle cento notti insonni, e ti sei salvato
per un niente... e io adesso ti rifiuto
e ti amo, come si ama un seme fecondo e disperato.

I am finding you again in Greco station
thin as a razorblade and pierced with a nail
that you called poetry poetry poetry
and it was the heroic winter of a time
pitting itself against a juggler's life... and I'd like
to speak to you but you crouch in a wounded silence,
you stop on the truncated platform,
staring at your knitted fingers
with your throat dry from phendimetrazine,
and your eyelid turned up by a thousand frequencies
while the rail cop bursts into your electronic sleep
and boils down each millimeter of you to a blood test...
...I would like to speak to you, my only friend, to you only
who entered into the worst and walked
on the gutters' edges, in the muscular torsion
of a hundred sleepless nights, and you saved yourself
for nothing... and now I deny you
and I love you, as one loves a seed—fertile and desperate.

Sei tu, non c'è dubbio, riconosco
l'attacco delle tue risposte quando venivi interrogato
e le finestre del Gonzaga mostravano un cortile immenso
e tutto, fuori, assomigliava al silenzio degli olmi
scendeva un voto dalla tonaca nera e tu eri salvo
riapparivano le nostre pure voci e tu eri sommerso
di voci e si formava un'occulta melodia e c'erano
già i numeri sulla maglia, i numeri giusti per ciascuno,
e si avvicinava, con il suo sorriso vivente, il volto
della partita.

It's you, without a doubt, I recognize
the tack of your answers when you're interrogated
and the Gonzaga windows were showing an immense courtyard
and everything, outside, resembled the elms' silence
and a vow came down from your black tunic and you were saved
our pure voices came back and you were drowned
by voices and a secret melody took shape and there already were
numbers on the jersey, the right number for each of us,
and, with its living smile, the face of the game
was coming nearer.

Rinasce in un prato di piazza Aspromonte
la vecchia contesa tra questo rettangolo
e i cavalli della mente, tra questo semplice
rettangolo terrestre e tutti gli spettri
che si affollano lì, dove il numero otto
tirò preciso a fil di palo ed entrò
in una galleria di anni e domeniche piovose
e ora regna su di noi lo sguardo di un demiurgo
che ci raccoglie nel centro della mano
e legge su quei volti il labiale di una gioia
conclusa e straripante.

Born again, in a Piazza Aspromonte field,
the old battle between this rectangle
and the horses of the mind, between this simple
earthly rectangle and all the ghosts
that gather here, where the number eight
was shot exactly along the goalpost
and went into a gallery of years and rainy Sundays
and now, reigning over us, the gaze of a demiurge
who gathers us in the center of his hand
and reads on those faces quivers of a joy
achieved and overflowing.

Ti ho incontrata in un pub
di Porta Vercellina, ho visto
i battenti della porta chiudersi
troppo lentamente e la freccetta piumata
volare troppo alta e noi due
diventare un puro iato: la verità
imprime crepe sulla parete,
annerisce lo specchio
dove abbiamo brillato per un attimo
prima di essere fissati
dall'occhio vitreo delle madri.

I met you in a pub
near Porta Vercellina, I saw
the shutters of the door close
too slowly and the feathered dart
fly too high and we two
became a pure hiatus: truth
engraves cracks on the wall,
it tarnishes the mirror
where we shone for a moment
before we were fixed
by the mothers' glassy stare.

Il ragazzo eterno che risiede
in te gioca e gioca ancora e insegue un pallone
che lo porta nel grande urlo dello stadio, nell'aperto
sorriso del mondo... cosa ti manca cosa cerchi in una
donna quale ombra quale segreto quale danza indefinita
che tradisce il sacro appuntamento
dell'ultimo minuto, e lo fa più lungo più breve,
più simile alla vita.

The eternal boy who lives
in you plays and plays again and runs after a ball
that carries him into the great scream of the stadium, into the open
smile of the world... what do you miss what do you search for in a
woman which shadow which secret which vague dance
that betrays the sacred last minute
appointment, and makes it longer makes it shorter,
all the more like life.

Guardo la tua testa sul cuscino,
guardo la sonda e la flebo farsi tempo
e contrasto tra il giorno e le pupille
e la boccetta avvelenata ormai volava
in uno splendore di notturni
e tutto divenne infinito dilemma:
nel regno chiaro della scelta tu volevi
morire, non c'è dubbio, lo volevi e hai chiamato
l'ultima ora ma lei ha risposto con un sussurro
di giovane donna dai guanti viola
e tu hai esitato.

I look at your head on the pillow,
I look at the probe and the drip becoming time
and the contrast between the day and the pupils
and the flask of poison now flew
in a splendor of nocturnes
and everything turned to infinite dilemma:
in the clear kingdom of choices you wanted
to die, no doubt, you wanted it and you called out
for the last hour but she answered with the whisper
of a young woman wearing purple gloves
and you hesitated.

"Come ha potuto mieterti così, la vita?"
"È stato un richiamo improvviso, a Chiaravalle"
"Quale richiamo? Non ci hai detto niente"
"Troppo forte la nebbia di febbraio. Lì dovevo andare"
"Nessun altro motivo, nessuna persona?"
"Tutte le persone, i fiori, le montagne"
"E quelle pastiglie nascoste nella borsa?"
"Illuminarono all'improvviso la notte"
"E tu cosa sentivi?"
"Sentivo di svanire a poco a poco tra i fili d'erba"
"E lo dici sorridendo?"
"Sì, la mia vita è sorridente"

"How could life mow you down like that?"
"It was a sudden summons in Chiaravalle"
"What summons? You didn't tell us a thing"
"The February fog—too strong. I had to go there"
"No other reason, no other person?"
"Every person, the flowers, the mountains"
"And those pills hidden in the purse?"
"They suddenly lit the night"
"And how did you feel?"
"I felt myself fading little by little among the leaves of grass"
"And you say it with a smile?"
"Yes, my life is smiling"

Dunque, amica mia, sei tu questa gioia senza dio
che giunge a un tenero golfo stamattina
e mi dice al telefono ora so ora so
che dalla fine più violenta
può scaturire questo bene, una spiga
di atomi felici dove nasco
e vedo il chiarore infantile di un sentiero e noi siamo
il frutto di un contrasto magistrale
che prepara giorno dopo giorno la lettera d'amore.

So, my friend, you are this godless joy
who this morning arrives at a gentle cove
and tells me on the phone now I know now I know
that this good can spring from
the most violent ending, the happy atoms
of an ear of wheat where I am born
and I see the innocent glimmer of a path and we are
the result of a masterly contrast
that day after day drafts the love letter.

Inquadratura. Una donna sola,
nella dolcezza delle nebbie. Viviana. Guarda
il tramonto, mi chiama, ripete giocosa
il filo delle corse, scatta
da porta a porta, da stagione a stagione
ripete in pochi metri il tragitto dei pianeti
e poi ritorna qui, all'ingresso dell'edicola
dove l'ho conosciuta per un soffio, l'ho vista scorrere
tra le date dei giornali, l'ho perduta, ritrovata,
risorta e poi finita e culminante, come una poesia
che rinasce precipitando nel suo bianco.

Frame. One woman alone
in the sweetness of fogs. Viviana. She watches
the sunset, she calls me, kidding, rehearses
the races' thread, rushes
from goalpost to goalpost, from season to season
within a few meters, traces the path of planets
and then returns to this spot, at the entry to the newsstand
where I met her by the slimmest chance, I saw her skimming
through the dated papers, I lost her, found her again,
emerged again and then completed and culminating, like a poem
born again as it falls into its whiteness.

# III.

ALTA SORVEGLIANZA
HIGH SECURITY

"Professore, forse un giorno riuscirò a parlarvi della mia
giovane sposa e del mio delitto... forse ci riuscirò...
forse a fine anno... nell'ultima pagina di un tema"
—alunno della terza di Opera, compito in classe

"Non ho mai visto un uomo
fissare con uno sguardo così assorto
quella sottile tenda azzurra
che i detenuti chiamano cielo.

... ...
Ognuno uccide ciò che ama.
—Oscar Wilde, *La ballata del carcere di Reading*

"Professor, perhaps one day I will be able to tell you about my
young wife and my crime... perhaps I will...
perhaps at the end of the year... in the last page of a composition"
> —a student of Opera Prison, in-class exam

"I never saw a man who looked
With such a wistful eye
Upon that little tent of blue
Which prisoners call the sky

... ...

And all men kill the thing they love."
> —Oscar Wilde, *The Ballad of Reading Gaoll*

I.

In carcere bisogna parlare
lo sanno anche i taciturni come te
il veleno si fa strada in ogni silenzio
la notte ti interroga ti interroga
e tu alla fine hai risposto
parlavi di lei corpo sposa tenaglia
lei come una grazia folgorata
nessuno nel vederla resta vivo
parlavi di lei oscura furia delle melograne
luce selvaggia al cadere di una veste
assoluto mescolato all'ora d'aria.

I.

In prison you need to talk
even taciturn people like you
know that venom extends through every silence
night interrogates you, it interrogates you
and in the end you answered
you spoke of her body wife pincers
she like a lightning-struck grace
nobody who sees her survives
you spoke of her obscure pomegranate
fury wild light at the drop of a dress
the absolute mixed with the hour of recess.

II.

Quando hai cominciato l'opera
eri chiuso nel quadrilatero della tua voce
e ripetevi che le crepe sul muro, la luce
obliqua dei finestrini, i corridoi sbilenchi
tutto era pensiero
e questo pensiero era più forte di te,
si faceva materia, ti ingoiava.

II.

When you started your sentence
you were locked up in the four sides of your voice
and you insisted that the cracks in the wall, the windows'
oblique light, the crooked corridors
everything was thought
and this thought was stronger than you,
it became matter, it was swallowing you.

III.

Opera, sei dappertutto ma non so dove sei.
Voce del male sbarrato, forse sei qui, nella grigia
stalla di via Camporgnago quaranta, sei
tra le attenuanti e i narcisi del volontariato
sei qui e non sei qui ti trovo e ti perdo nel suono
della scheda magnetica o nel grido di una requisitoria
sei scomparso e sei dentro di noi che avanziamo
passo dopo passo verso un dolore
tanto più incerto quanto più sembrava prossimo.

III.

Opera, you are everywhere but I do not know where.
Voice of barred evil, perhaps you are here, in the gray
stable of 40 Camporgnago Street, you are
among the excuses and vanities of the volunteers
you are here and not here I find you and lose you in the scrape
of a phone card or in the scream of an indictment
you disappeared and went inside those of us who are approaching
step by step toward a sorrow
the more uncertain the nearer it seemed.

IV.

Hai visto franare la tua vita
tra codicilli, arbusti e demoni fangosi
hai sentito la potenza della cella
come un'ombra colpita
si oscurava l'armonia dei viventi
la giovane morta si incideva le braccia
si faceva eterno il tatuaggio.

IV.

You saw your life crumple
among codicils, shrubs, and muddy demons
you felt the power of your cell
like a beaten shadow
the harmony of the living was growing dark
the dead young woman was engraving her arms
the tattoo was becoming eternal.

V.

Qui non è prevista
la stagione dei dodici raccolti
qui ogni mese può essere infinito
o mancare per sempre
dipende da un giro di sigarette
da una compravendita o da un agente
che non ha ricevuto la giusta adorazione
e compila un rapporto feroce
dove ogni ora d'aria è avvelenata
e ogni parola trova un movente.

V.

Here there is no room
for the twelve-crop season
here every month can be endless
or go missing forever
it depends on dealing a cigarette
on a trade or on a guard
who has not received the proper worship
and files a ferocious report
where every hour of yard time is venomous
and every word finds its motive.

VI.

Ma le mura le avevamo già dentro
le notti curvilinee ci tornavano addosso
aprivo al mattino gli occhi lapidati
nasceva una prossimità violenta
si formava l'assedio.

VI.

But we were already carrying the walls within us
the curvilinear nights were returning at our backs
in the mornings I used to open my stony eyes
a violent proximity was born
the siege was taking shape.

VII.

Qui sciamano preti operosi
hanno labbra gonfie
si aggirano nel loro terreno di caccia
si nutrono con le croste di ogni colpa
benedicono tutto indifferenti
indifferenti preparano la deportazione.

VII.

Here busy priests swarm
with their swollen lips
they prowl across their hunting grounds
feeding on the crusts of every guilt
they bless everything alike
alike they prepare the deportations.

VIII.

Sei un'ansia che non ha luce, dicevano,
sei nell'ateismo
di ogni battito cardiaco, reclusione, reclusione.

VIII.

You are a worry that has no light, they would say,
you are in the atheism
of every heartbeat, locked-up, locked-up.

IX.

Allora hai risposto, gentilmente, che sei tornato
dall'aldilà, hai risposto che dio non esiste
ma le anime sì: alcune sono rinchiuse in grandi pollai
dove tutti camminano lentamente
avanti e indietro, con un vestito marroncino
come questo, guardate, proprio come questo.

IX.

Then you politely answered that you were back
from the afterlife, you replied that god does not exist
but souls do: some are locked up in big henhouses
where each one walks slowly
back and forth, dressed in brown like this,
look, exactly like this.

X.

Stiamo in punta di piedi per questo spettacolo
dell'al di là: vediamo le donne momentanee
e il disegno sacro dell'edera, vediamo
grappoli maturi, nell'ora della giusta previsione,
finché lei si toglie la veste morta e divampa
il suo graffito sul muro della cella.

X.

For this show we stand on tiptoe
from the afterlife: we see momentary women
and the ivy's sacred outline, we see
ripe grapes, in the season of fair forecasts,
until she takes off her dead dress and sets fire
to her graffiti on the wall of the cell.

XI.

Con la sua fiamma ossidrica, il dolore
ci raggiunge, perfora il ferro dei nostri
quattro punti cardinali,
tocca il nervo indifeso, indugia, insiste
lo fa prigioniero, lo trapana
fino al nucleo dell'urlo, fino all'istante crollato
in se stesso, mentre intorno si allunga
il corridoio delle mille anime vaganti.

XI.

Sorrow reaches us with
its blowtorch, it perforates the iron of our
four cardinal points,
it touches the defenseless nerve, dwelling and insisting,
making it its prisoner, drilling
up to the nucleus of the scream, up to the self-collapsing moment,
while all around the corridor of
the thousand wandering souls stretches out.

XII.

Nella punta di questa matita
c'è il tuo destino, vedi, nella punta
aguzza e fragile che scrive sul foglio
l'ombra di ogni frase e scrive
le mura cieche, l'attenuante e il soliloquio
il tuo destino è proprio qui, in questo
immobile trasloco, in questo impercettibile
sorriso che un uomo offre
al mondo prima di sparire.

XII.

At the tip of this pencil
you'll find your destiny, look, in the sharp
and fragile tip that writes on the page
the shadow of every sentence and writes
the blind walls, the alibi, and the soliloquy
your destiny is exactly here, in this
motionless move, in this imperceptible
smile that a man offers
to the world before he disappears.

XIII.

Questo destino che nessun diario
raccoglie, nessun giornale, cronaca
o storia, vive nel sibilo
di un ricordo, nel suono
della giovinezza: il frutteto fantastico
e un fruscio negli abbaini,
e poi qualche grammo, il pigolio
del giudice di sorveglianza,
un'edicola notturna, una retata.

XIII.

This destiny that no diary
records, no newspaper, no chronicle
no history, lives in a memory's
hiss, in the sound
of youth: the wonderful orchard
and the rustle in the attic,
and then some gram, the chirp
of the parole officer,
an all-night newsstand, a round-up.

XIV.

Era l'aggravarsi
di ogni atto nel buio di se stesso,
la cieca evasione, l'indulto
che ha potuto liberarci
per una notte sola,
per una sola notte sterminata.

XIV.

It was the aggravation
of every act inside its own darkness,
the blind escape, the pardon
that could free us
only for one night,
only for one endless night.

XV.

"Ascolti,
professore, ora parlerò di lei
parlerò della viola naufraga,
del petto martire, della valanga:
parlerò di lei, l'ultimata"

XV.

"Listen,
  professor, I will speak about her now
  I will speak about the shipwrecked violet,
  the martyred breast, the avalanche:
  I will speak about her, the ultimate one."

XVI.

"Lei donna di sedici anni diadema del sangue
 codice lunare nelle guglie della sera
 fervore di ceneri via lattea"

XVI.

"She the sixteen-year-old woman diadem of blood
lunar code among the evening steeples
fervor of ashes milky way"

XVII.

"Ieri in cielo ho visto Sirio, amico mio,
e ho pensato che quello era il mio soprannome,
il nome di un ragazzo solitario
che additava un piumaggio di nuvole
e chiedeva quando torneranno, quando
tornerà quel visibilio di viole e di fiaccole.
Non devi amarla—risposero—non devi
amarla più"

XVII.

"Yesterday in the sky I saw Sirius, my friend,
and I thought of how I earned my nickname,
the name of a solitary boy
who pointed to a plumage of clouds
and asked when they would return, when
that ecstasy of violets and torches would be back.
You must not love her—they replied—you
must no longer love her"

XVIII.

"Profezie sottomarine
dicevano la catastrofe
ma io ho accettato ma io ho voluto
ridurmi a questo muso duro
che nei corridoi contratta con gli infami
l'orario delle visite. E ogni giorno
nell'orbita tremante cresce l'uragano
della donna sterminata"

XVIII.

"Underwater prophecies
predicted the catastrophe
but I consented but I wanted
to reduce myself to this tough muzzle
that negotiates visiting hours with the villains
in the corridors. And every day
within its trembling orbit the hurricane
of the exterminated woman grows stronger."

XIX.

"Superati i confini della grotta,
tutto ritornò musicale
ritornò l'attimo del grande incantamento
come una festa dell'essere,
lei sorrise!"

XIX.

"Once beyond the confines of the cave,
everything returned as music
the moment of great enchantment
returned just as in a feast of being,
she smiled!"

XX.

"Sorrise, aprì la porta, scherzò nella luce
azzurrina della sua ultima stanza, aprì
allora la porta in un silenzio
fatato e violento. Il suo regno
era l'attimo, la scintilla, il rossore.
Ma quella gonna viola troppo corta
quel luccichio sconosciuto nella pelle!"

XX.

"She smiled, opened the door, joked in the blue light
 of her final room, then she opened
the door into a fateful
and violent silence. Her kingdom
was the moment, the spark, the blush.
But that too short purple skirt,
that unknown glitter on her skin!"

XXI.

"Tagliata alla radice,
l'ombra ha compiuto il crimine
una disarmonia senza riposo
un figlio creato che impazzisce e trema
nel giardino dei corpi,
una mano screpolata, una semplice
mano premuta sul ferro"

XXI.

"Cut off at the root,
 it was the shadow that committed the crime
 a restless disharmony
 a human child who goes mad and trembles
 in the garden of bodies,
 a cracked hand, a simple
 hand pressed on the iron"

XXII.

"Riappare quel giorno immobile
sul sentiero dell'estinzione
e noi siamo la forma destinata
a quel gesto magistrale:
ricordo solo il bacio
che diventò strage cieca e senza tempo"

XXII.

"That frozen day reappears
 on the path to extinction
 and we are the form doomed
 to that masterly gesture:
 I remember only the kiss
 that became blind and timeless massacre"

XXIII.

"Campane mute e capovolte
ora circondano il corpo
intorno al collo un filo di perline
aveva l'ansia di una daina
aveva intuito e provò a fuggire
ma il piede in corsa mosse una valanga
e iniziò il minuto esteso
della morte"

XXIII.

"Mute bells upside down
now surround the body
around her neck a string of beads
she had the anxiety of a doe
she had sensed and tried to flee
but her running foot started an avalanche
and began the extended minute
of death"

XXIV.

"Una donna così si uccide solo con il coltello
 si uccide corpo a corpo in una vicinanza
 che zittisce le melodie del suo respiro
 e l'ho colpita l'ho colpita con una certezza
 vicina all'oblio... poi l'estate
 precipitò nella notte
 e mi nascosi lì, colpevole e tremante...
...per un intero minuto
 l'ho colpita"

XXIV.

"A woman like that can only be killed with a knife
you kill her skin to skin in a closeness
that hushes the melodies of her breathing
and I stabbed her I stabbed her with a certainty
near oblivion... then summer
collapsed into the night
and I hid there, guilty and trembling...
...for an entire minute
I stabbed her"

*In questo luogo di corpi sedati
in questo luogo consacrato al rimpianto
si aggirano anime guaste e inattese
e noi camminiamo con loro verso la notte spoglia
camminiamo verso il punto saliente
respiriamo un profumo eterno di frittelle
attendiamo che la notte riporti il primo errore
e la paura antica di sbagliare la traduzione
di ombra in ombra si dissolve tutto il tempo
tutto il tempo si fa gemma e cenere
della vita fanciulla.*

*In this place of sedated bodies
in this place devoted to regret
broken and unexpected souls wander
and we walk with them toward the naked night
we walk toward the main point
we breathe the eternal smell of deep-frying
we wait for the night to bring back the first mistake
and the ancient fear of distorting the translation
from shadow to shadow all time dissolves
all time becomes bud and ash
of girlhood life.*

*Ora precipitiamo nella scintilla originale
ora si delinea il primogenito
viso smarrito in una follia di tulipani:
lo possiedo, lo saluto, lo canto, lo frantumo
con lo sguardo malfermo sul crimine,
lo aspettiamo insieme al confine del mondo
invocando la sponda delle canzoni felici,
le figure sul rovescio della medaglia, il duetto
delle nostre pure apparenze, la strofa primitiva
dove le lettere del nome amato ritornano
e ci chiamano per sempre.*

*Now we plummet toward the original spark
now the first-born face takes shape
lost in a crowd of tulips:
I hold it, I greet it, I sing it, I crush it
with my tipsy gaze resting on the crime,
we wait for it together at the edge of the world
 invoking the shore of happy song,
the image on a coin's reverse, the duet
of our pure appearances, the primitive stanza
where the letters of the beloved's name return
and call us forever.*

Il nome, il nome, il nome.
Lo ripetiamo certi o increduli,
in un tremore di pernici, lo incidiamo
nell'urlo, lo salviamo
con lo stupore inconfondibile dell'unico dono
che abbiamo meritato: giunge
dalla nostra alba più remota e ci nomina,
ci attende, ci pretende, ci chiede
la parola e la protegge nel silenzio dei pioppeti.

The name, the name, the name.
We repeat it, certain or in doubt,
in a tremor of partridges, we engrave it
on a howl, we save it
with the unmistakable wonder of the only gift
we have deserved: it comes
from our farthest dawn and it names us,
it waits for us, it claims us, it asks us
for words and it protects them in the silence of the poplars.

È di tutti la splendida uccisa, la sorridente,
cammina nei corridoi, dea o spettro, cantico
del grande zafferano, si aggira come un oltraggio
alla morte, ritorna puntuale al mattino
nelle battaglie tenebrose del risveglio,
si stende sulla branda, si toglie i sandali,
sorride ancora una volta. Oppure esce nel mondo
e mostra alle strade il nostro errore e la collera
di noi che abbiamo ucciso la cosa più amata
e ora la tocchiamo, tracciamo per terra
un annuncio oscuro di linee
e parole, barlumi di volti e di città: un disegno
di salvezza, forse, o un'esecuzione.

*She belongs to everyone, the splendid victim, the smiling one,
she walks in the aisles, goddess or ghost, the great
saffron's canticle, she wanders like death's
hostage, she returns on time with the morning
in the gloomy battles of awakening,
she lies down on the cot, she takes off her sandals,
she smiles once more. Or she goes into the world
and shows the streets our mistake and the anger
of those who kill what they most love
and now we touch her, on the ground we trace
an obscure message of lines
and words, glimmers of faces and cities: a plan
for salvation, maybe, or an execution.*

LINEA INTERA, LINEA SPEZZATA
SOLID LINE, BROKEN LINE

NEMINI

Sali sul tram numero quattordici e sei destinato a scendere
in un tempo che hai misurato mille volte
ma non conosci veramente,
osservi in alto lo scorrere dei fili e in basso l'asfalto bagnato,
l'asfalto che riceve la pioggia e chiama dal profondo,
ci raccoglie in un respiro che non è di questa terra, e tu allora
guardi l'orologio, saluti il guidatore. Tutto è come sempre
ma non è di questa terra e con il palmo della mano
pulisci il vetro dal vapore, scruti gli spettri che corrono
sulle rotaie e quando sorridi a lei vestita di amaranto
che scende in fretta i due scalini, fai con la mano un gesto
che sembrava un saluto ma è un addio.

TO NO ONE

You step up onto the 14 trolley and you're destined to step off
inside a time you've measured a thousand times
yet don't really understand.
You notice the flow of the wires above and the wet asphalt below,
the asphalt that takes in the rain and calls out from the depths,
gathering us within an unearthly breath, and then you
glance at your watch, wave to the conductor. Everything is the same
as always, but not of this earth and with your palm
you wipe the steam from the glass, inspect the ghosts that run
along the rails and when you smile at her wearing amaranth
and hurrying down the pair of steps, you gesture with your hand
what seems to be hello but says farewell.

SALA VENEZIA

Qui tutto diventa veloce, troppo veloce,
la strada si allontana, ogni casa sembra una freccia
che moltiplica porte e scale mobili e allora hai paura.
Senti i tuoi passi in migrazione,
vuoi rallentare, hai paura
e allora entri in questa sala di via Cadamosto,
saluti gli ultimi giocatori di biliardo,
pronunci lentamente un commento preciso sulle sponde
o sull'angolo di entrata, fai una piccola scommessa
e sorridi e ti acquieta il panno verde
come un prato dell'infanzia, ti acquietano i bordi
di legno che ora contengono il tuo evento
e la forza centripeta conduce l'universo
in un solo punto illuminato.

VENICE ROOM

Here everything is going faster, too fast,
the road stretches out, each house looks like an arrow
multiplying doors and escalators and at this point you're scared.
You feel your straying footsteps,
you want to slow down, you're scared
and then you go into that room on Via Cadamosto
saying hello to the last pool players,
you slowly offer a precise comment on the cushion
or the angle of approach, place a small bet
and smile and the green baize calms you
like a childhood meadow, you are calmed by the wooden
frame of the table that now contains your event
and the centripetal force orders the universe
into a single illuminated point.

LA GALLERIA DEGLI SPECCHI

Si muovono al vento povere bandiere, il padre
e i due fratellini fanno il biglietto dell'autoscontro,
entrano nel gioco, incontrano una collisione
che durerà per sempre, vedono ingrandirsi
le crepe sul volante, la luce obliqua dell'insegna,
l'ombra colpita. Tu entri nella galleria
degli specchi e sei solo, nessuno ti aspetta all'uscita,
sei solo e guardi fuori la forza degli ippocastani,
ascolti una musica lieve e senza tempo, osservi
la nuova vicenda dei ballerini sul palchetto di legno,
disegni sul vetro l'antica vicenda di corpi affondati
nelle acque dell'Idroscalo, l'amore che smarrisce
la sua strada, la notte che ti scruta e ti attende.

ARCADE OF MIRRORS

They flap in the wind, poor flags, the father
and the two little brothers buy a ticket for the bumper cars,
they plunge into the game, meet with a collision
that will last forever, they see it spreading
the cracks in the steering wheel, the slanted light of the sign,
the struck shadow. You go into the funhouse
and you are alone, no one waits for you at the exit,
you are alone and peer outside at the strength of the horse
    chestnuts
you listen to a delicate timeless music, you watch
the new episode of the dancers on the wooden stage,
you etch on glass the old episode of bodies sunken
in the Indroscalo's waters, the love that goes
astray, the night that inspects you and waits for you.

DAL BALCONE

Dal balcone dell'ultimo piano ora guardi
la città notturna, l'infilata dei grattacieli che sembrano
una barriera corallina e intorno i vecchi palazzi
con i tetti impolverati, le chiese romaniche, le colonne,
un concilio segreto di secoli che si parlano sottovoce,
sussurrano al tempo di fermarsi e diventano
la scorza staccata dal suo tronco, ciò che resta
dell'infinita moltitudine in cui sei immerso anche tu,
e guardi lì sotto il bar aperto, l'uomo con l'impermeabile
mentre racconta una storia sempre uguale
alla ragazza vestita di rosso che beve
dallo stesso bicchiere e sorride lievemente.

FROM THE BALCONY

Now from the balcony of the top floor, you are watching
the city at night, the line of skyscrapers that resemble
a coral reef and, surrounding it, old palaces
with dusty roofs, Romanesque churches, columns,
a secret council of centuries that whisper to one another,
they whisper the moment to stop and turn into
the bark detached from its trunk, what remains
of the infinite multitude to which you too are bound,
and you look at the open bar there below, at the man in the raincoat
while he tells a story that is always the same
to the girl dressed in red who shares
his glass and faintly smiles.

SCRUTINIO FINALE

Sei giunto alla fine dell'ultimo trimestre
e la mano solleva la polvere dal vetro
e tu guardi i voti che scintillano uno per uno
e si staccano dal foglio
e allora guardi bene, guardi esattamente
le teste inquiete nell'ombra scarlatta e tu guardi
senza una parola i voti sul cartellone e senti
che la bocca non attende più nessuna voce
e il tempo diventa una spina e può trafiggerti;
senza nome si aggregano gli spettri nel corridoio
del liceo e tutto è silenzioso nei corridoi,
tutto è silenzioso per sempre.

FINALS

You have reached the end of the last quarter
and your hand disturbs the dust in the vitrine that holds the grades
and you watch the marks that sparkle one by one
as they are peeled from the paper
and so you review carefully, review exactly
the troubled heads in the scarlet shadows and you review
speechlessly the marks on the board and sense
that the mouth no longer waits for any voice
and time turns into a thorn and can pierce you;
the nameless ghosts gather in the corridor
of the high school and everything is silent in the corridors,
everything is silent forever.

BOWLING DEI FIORI

Tra gli infiniti luoghi della sera, torni qui, con il passo
brancolante e l'estremo di te stesso, torni come una falena
attratta dalle voci confuse dei giocatori, torni
e ti getti tra i numeri, afferri la boccia con tre fori,
infili il pollice e l'ultima falange del medio e dell'anulare,
avambraccio teso, polso diritto, gambe unite, guardi laggiù
il triangolo ammaliante dei dieci birilli,
cammini sulla pista oliata, cammini e qualcuno ti chiama
Lebowski, il grande Lebowski, qualcuno sussurra
adesso devi restare, devi restare, devi dare alla notte
la sua dizione più precisa, devi condurre il mondo intero
in queste vetrate, giungere al cuore del punteggio
con il gioiello della mano destra, devi
giungere a trecento, questo è il numero sancito.

BOWLING DEI FIORI[*]

Of all the infinite places of the evening, you come back here,
    stumbling
and at your wit's end, you come back like a moth
drawn by the confused voices of the players, you come back
and throw yourself among the numbers, you grab the three-holed
    ball,
insert you thumb and the last phalanx of your middle and ring
    fingers,
forearm straight, wrist straight, legs as one, you look down there
at the bewitching triangle of the ten pins,
you pace down the polished track, you pace and someone calls you
Lebowski, the Big Lebowski, someone whispers
now you have to stay, you have to stay, you have to give the night
its most precise diction, you have to guide the whole world
in these stained-glass windows, get to the heart of the score
with the right hand's jewel, you must
reach three hundred, this is the number decreed.

[*] *The oldest bowling alley in Milano, established 1963*

MATITA BLU

Sei stato una sola parola
troncata al culmine della primavera,
ti sei perso, esule impietrito,
tra i gessetti dell'ultima aula a sinistra
mentre fuori le ragazze passavano
con un allegro pompon
tu eri l'intero sgomento di ogni cosa.
"Guardate, sono qui" volevi dire
ma ti bloccò un accento sbagliato,
l'esordio delle frasi cadde sul pavimento
e iniziò la lunga notte silenziosa.

BLUE PENCIL

You were a single word
cut off at the peak of Spring,
you were lost, petrified exile, among
the pieces of chalk in the last classroom on the left
while outside the girls went by
with a cheerful pompom
you were the consternation of it all.
"Look, I'm here," you would have liked to say
but a blundering accent blocked you,
the starts of sentences fell to the floor
and the long silent night began.

IL MORSO CHE TI SPEZZA

Tutta la casa, all'angolo di un vicolo strettissimo,
lascia presagire un mondo prodigioso, con quelle figure
sulle pareti, il Matto, i Trionfi, il Buffone tormentato
dai bambini, con quelle monete per terra,
centinaia di monete, quelle scritte a caratteri amaranto,
che sembrano di sangue: il *Ristagno*, l'*Oscuramento*,
la *Preponderanza del Piccolo*. Ma su una ti fermi,
ti fermi per un intero minuto simile all'inferno
e precipiti nel baratro dei gufi, odi una lontana melodia
di amori contrastati, un assedio di tutti i volti persi,
una voce rimasta sola che ripete il numero ventuno,
il numero delle antiche partite, il numero felice
che tuttavia può dare la morte, il numero della belva
e dell'attacco improvviso, il *Morso che ti spezza*.

THE BITE THAT BREAKS YOU

The whole house, on the corner of a very narrow alley,
hints at a prodigious world, with those figures
on the walls, the Fool, the Triumphs, the Buffoon tormented
by the children, with those coins on the ground,
hundreds of coins, those scrawls written in amaranth characters
that look like blood: the *Stagnation*, the *Shadowing*,
the *Superiority of the Small*. But at one you stop,
you stop for an entire hellish minute
and you collapse into the owls' abyss, hear a far melody
of thwarted loves, a siege of all lost faces,
a voice left alone that repeats the number twenty-one,
the number of the old matches, the joyous number
that nevertheless can offer death, the number of the beast
and the sudden attack, the *Bite that breaks you*.

BELLE EPOQUE

Quando arrivi al gasometro tutto è pronto
per la visione: sembra una fortezza e bisogna
entrare soli, a tarda sera, scavalcare la vasca d'acqua,
camminare nel reticolo dei tubi e dei tralicci,
nel grande cilindro. E ti ritrovi
in un altro tempo, all'improvviso, tra due secoli,
nel tempo del gas che illuminava le città,
quando i tuoi antenati andavano per le strade
morsi da una tarantola notturna, percorrevano i portici
e salivano fino alla camera dell'ultimo piano,
mentre il vento li spingeva a generare
una nuova epoca di soldati e trincee, li chiudeva
nella stanza dove le donne dalle gambe bianche
occupavano i quattro cantoni
della vita, sussurravano come sonnambule
la parola Novecento.

BELLE EPOQUE

When you arrive at the gas holder, everything is ready
for the vision: it resembles a fortress and you have to
enter alone, late in the evening, climb over the pool,
within the network of pipes and pylons,
within the big cylinder. And you find yourself
in another era, suddenly, between two centuries,
in the era when gas illuminated cities,
when your ancestors sought out the streets,
bitten by a nocturnal tarantula, they walked along the arcades
and climbed to the top floor room,
while the wind pushed them to breed
a new era of soldiers and trenches, closing them
within the room where the white-legged women
occupied the four corners
of life, whispering like sleepwalkers
the word Novecento.

STILLE NACHT

Hai invocato il sonno, ma il sonno
era acqua che si spezza,
un'alba sottoterra
e ancora quel
terrore di chiudere la porta. Pregavi.
Ma non per risorgere o per un altro
sogno celeste. Chiedevi un'altra giornata.
Chiedevi di non compiere adesso
il volo deciso dai lampi,
chiedevi di illuminare l'ora solitaria,
chiedevi un'arte più serena di te,
un tenero negozio umano
dove troverai le stagioni
perdute che rinascono stasera.
Oh congiungere il respiro
al tuo segno zodiacale,
appoggiare la tua storia
a una cittadinanza, vivere per sempre
la notte silenziosa!

STILLE NACHT

You called for sleep, but sleep
was water that falls apart,
an underground dawn
and still that
terror of closing the door. You prayed.
But not for resurrection or for another
heavenly dream. You were asking for another day.
You were asking for this moment to go on
the flight determined by lightning,
you asked that the solitary hour be lit,
you asked for an art more serene than you are,
a tender human bargain
where you will find the lost seasons
that are reborn this evening.
Oh to join the breath
to your zodiac sign,
to prop your story
to a citizenship, to live forever
the silent night!

21 SETTEMBRE

"Anch'io ero acqua, acqua che ha perduto la sorgente."
L'hai vista sulla riva del Po e ha subito parlato
ma non riconoscevi la sua voce, la sua cara voce
che balbettava parole frantumate al silenzio dei pioppeti,
come una creatura segregata da se stessa, incarnava
l'estinzione del futuro. Cosa le è accaduto?
Tutto era immobile, intorno, tranne una barca
misteriosa che ci passò accanto e poi scomparve.
E lei cadde in un'isola segreta, remota, irraggiungibile,
e hai visto una cruna d'aria buia dove un tempo balenava
il suo sguardo di topazio e l'estate in quell'attimo finì
e sulla riva si affacciarono i morti.

SEPTEMBER 21

"I too was water, water cut off from its spring."
You saw her on the bank of the Po and she immediately spoke
but you did not recognize her voice, her dear voice
stammering broken words within the silence of the poplar groves,
like a creature segregated from herself, she embodied
the extinction of the future. What happened to her?
Everything was still, all around, except for a mysterious
boat that glided past us and then disappeared.
And she was cast onto a secret, remote, unreachable island
and you saw a slit of dark air where her topaz gaze
once flashed and in that moment summer ended
and the dead washed up on the shore.

T.E.C.

Il corridoio di Villa Turro non finisce mai.
Creature oscillanti lo percorrono fissando i vetri
di ogni porta, con un dolore che le spinge oltre se stesse
e una corda per morire silenziose. Tu entri nella stanza
della memoria smarrita, guardi il ritratto del famoso
Professor Lucio Bini, indossi la maschera di ossigeno,
senti ardere le sinapsi, entri nel dedalo
delle piccole convulsioni. Non conosci la via
per uscire, ma sai che ora tutta la tua vita sarà preda
dei numeri. Quelli dispari custodiscono la luce.
Il tre contiene cielo, terra e uomo, il cinque riunisce
nel suo pentagono gli elementi della natura,
il nove è l'eternità di un vuoto immenso e appartiene
soltanto all'imperatore, il quattro pronuncia
la voce della morte. E allora corri verso il trentuno,
luce di tutti i portoni e di tutte le dimore,
solitario numero primo che arresta
il tuo cammino e ti bisbiglia "tra poco scorderai,
scorderai queste parole, scorderai tutto
di te stesso."

E.C.T

Villa Turro's corridor is endless.
Swaying creatures run through it staring at the glass
of each door, with a sorrow that pushes them beyond themselves
and toward a rope to die in silence. You enter the room
of lost memory, look at the portrait of the famous
Professor Lucio Bini, wear the oxygen mask,
you feel your synapses burn, you enter the maze
of small convulsions. You don't know the way
out, but you know now that your whole life will be prey
to numbers. The odd ones guard the light.
The three contains heaven, earth and humankind, the five gathers
the elements of nature in its pentagon,
nine is the eternity of an immense void and belongs
only to the emperor, the four utters
the voice of death. So you run to the thirty-one,
light of all the doors and of all the dwellings,
lonely prime number that blocks
your path and whispers to you, "soon you will forget,
you will forget these words, you will forget everything
about yourself."

AZZURRA

L'hai vista sotto il temporale, nel parcheggio
dove la città si restringe in un cerchietto di automobili
e gente frettolosa guarda gli scontrini e trova il nulla. L'hai vista
con il suo profilo orientale e le spalle
che furono nude, con un portachiavi a forma di vela
ed era la sua vela prediletta
che più di tutte s'inabissava e rinasceva
nel canto delle sirene, nella bolina stretta, nel vento
apparente. Vorresti sapere quale regata sta vivendo
con le forze rimaste della vita, quale
corrente l'ha condotta qui, in questo lago pietrificato,
vorresti giocare tutto in un poker di domande, ma la pioggia
è troppo forte e resti muto.

BLUE

You saw her under the storm, in the parking lot
where the city shrinks into a little circle of cars and
people in a hurry look at receipts, finding nothing. You saw her
with her Asian profile and her naked shoulders,
with a keychain in the shape of a sail
that was her favorite sail
the one that above all sank and was reborn
in the sirens' song, tacking close against the apparent
wind. You would like to know which regatta she's reliving
through the remaining forces of life, which
current brought her here, in this petrified lake,
you would like to bet everything in a poker game
of questions, but the rain
is too strong and you stick with silence.

BON DODO

Bon dodo, bon dodo, bon dodo, ti dicevano
alle nove di sera ma non potevi
dormire e troppo forte risuonavano le campane
nel cimitero della tua stanza e tu hai imparato subito
che i morti non restano fermi, entrano nel sonno
di ogni bambino oh quanta terra sparsa sul cuscino
quanti baci di puro spavento, quanta neve
sulle lenzuola, quante volte
si accartoccia l'albero del noce, quante volte.

BON DODO

Bon dodo, bon dodo, bon dodo, they said to you
at nine in the evening but you couldn't
sleep and the bells clanged too loudly
in the graveyard of your room and you learned right away
that the dead do not stand still, they enter into the sleep
of each child oh how much earth scattered on the pillow
how many kisses of pure fright, how much snow
on the sheets, how many times
the walnut tree collapses on itself, how many times.

PER L'ADELE

"Vedi, giungono da un'altra mente,
le parole, una mente lontana che abitava
nel miele delle arnie e tra i fili
del ragno sul soffitto. Arretrano le nostre stagioni,
i passi diventano aria, sfumano gli orizzonti
del viso, nulla ci appartiene se non questo foglio
popolato di demoni."

"Vedi, scrivo con mani di rugiada e diventa sottile
il confine tra la gioia e il grumo più buio, tra il rubino
della tua prima collana e il mio miraggio
ogni pietra prende il colore del mattino."

"Prendilo tu,
questo fazzoletto che sa ancora di vaniglia, accendi
il rogo delle mille estati trascorse, con il tuo gesto
musicale conduci il rosa tenue
dei Castagnoni negli anni che sono rimasti
fuori dalla morte."

"Tu che hai sentito scomparire il mondo
dentro un colpo senza origine, tu che sei stata
un puro gemito tra le verbene, stamattina appari

FOR ADELE

"See, they come from another mind,
the words, a distant mind that dwelled
in the honey of the hives and among the filaments
of the spider on the ceiling. Our seasons set back,
footsteps become air, horizons blur
across the face, nothing belongs to us except this page
crowded with demons."

"See, I write with dewy hands and the border
between joy and the darkest lump thins, between the ruby
of your first necklace and my mirage
each stone takes on the color of morning."

"You take it,
this handkerchief that still smells like vanilla, light
the bonfire of a thousand spent summers, with your musical
gesture lead the soft pink
of the Castagnoni into the years that have remained
beyond death."

"You who have felt the world disappear
inside a blow from nowhere, you who have been
a pure moan among the verbenas, this morning you appear

in una tazza di latte e la tua
pupilla trucidata ricomincia a vedere, a poco a poco,
raggiunge la dolce cantilena di un dialetto contadino
che pronunciamo per l'ultima volta."

in a cup of milk and your
slain pupil begins to see again, little by little,
reaches the sweet chant of a peasant dialect
that we pronounce for the last time."

INTRA

Cammini di sera sul lungolago, osservi
l'immenso diametro delle acque e la pozzanghera
rimasta sola, senti un guizzo di ali nella rétina
e la vanità di ogni tuo gesto, getti qualche briciola
ai pesci ma il cibo è attraversato dalla morte
mentre ondeggiano le canoe e nemmeno l'ignoto
dà notizie di se stesso: non è parola
né silenzio, ma un fraseggio di suoni indistinti.
Ma tu, amore, racconta dalla tua corolla
insanguinata questo esilio, il nostro esilio, dimmi
perché ogni ora è trafitta da un sibilo violento,
non sente più il richiamo del mattino, crepita
nella luna immobile e la testuggine che uscì
dalla tana ha cancellato le sue orme e si è perduta.

IN-BETWEEN

You walk along the lakefront in the evening, you look across
the immense diameter of the water and the puddle
left behind, you feel a flicker of wings in the retina
and the vanity of your every gesture, you throw a few crumbs
to the fish but the food is crisscrossed by death
while the canoes sway and not even the unknown
sends news of itself: it is not the word
nor the silence, but a phrasing of indistinct sounds.
But you, love, narrate from your bloodied
garland this exile, our exile, tell me
why every hour is punctured by a violent hiss,
no longer hears the call of morning, crackles
in the motionless moon and the tortoise that came out
of its hole has erased its footsteps and finds itself lost.

PIAZZA CAVALLEGGERI 2

a Piero Bigongiari

Amico mio, ti vedo, ti vedo
in una spiaggia toscana,
mentre passa un treno locale con tutti
i passeggeri affacciati al finestrino,
tu mi offri sorridendo il bicchiere illuminato
e l'agenda oggi torna viva
e il tempo scolpisce il nostro incontro,
trasalimento di rime contro il nulla,
e noi vediamo i nostri versi
in un cumulo di sassi, portiamo
il destino in un esametro.

Da te ritorniamo ogni estate,
pietra rimasta tra quelle migranti,
e tu silenzioso ci additi
la grande finestra delle ore.
Si è fatto giorno. Grande
è la scuola dell'esilio e del ritorno
di ogni amore.

PIAZZA CAVALLEGGERI 2

to Piero Bigongiari

My friend, I see you, I see you
on a Tuscan beach,
while a local train goes by with every
passenger looking out the window,
with a smile you lift the glass, brimming with light,
to me and the agenda comes alive today
and time carves our encounter,
a shock of rhymes against nothingness,
and we see our verses
in a pile of stones, we carry
our fate in a hexameter.

We return to you every summer,
stone left among those migrants,
and you silently point out to us
the great window of hours.
The day arrives. How enormous
is the school of the exile and the return
of every love.

II.

NOVE TAPPE DEL VIAGGIO NOTTURNO
NINE STOPS OF THE NIGHT JOURNEY

PRIMA TAPPA DEL VIAGGIO NOTTURNO

Hai guardato i quattro punti cardinali
e sei andato verso est, verso il parco
dove dormono i ragazzi dopo le partite,
sei arrivato nel campo che gira veloce su se stesso
e hai ricordato tutto, hai ricordato uno per uno
i corpi sepolti e quelli vivi, soffi di vento
che ora ti raggiungono e ti spingono nomade
tra i nomadi, quando il bambino e la morte
si congiungono in un solo cerchio, sfreccia
un rondone e il grido dei demoni invade la tua ombra
e l'ombra più grande che non vedi.

FIRST STOP OF THE NIGHT JOURNEY

You checked the four cardinal points
and you went east, toward the park
where the kids sleep after the matches,
you came to the field that spins like a top
and you remembered everything, you remembered one by one
the bodies buried and alive, gusts of wind
that reach you and push you as a nomad
among nomads, when the child and death
come together to close the circle, a swift
whizzes by and the cry of demons invades your shadow
with the bigger shadow out of sight.

SECONDA TAPPA DEL VIAGGIO NOTTURNO

E poi li hai visitati tutti, uno per uno, i cinema sperduti
nelle periferie, i poveri locali di quartiere
quelli che davano due film per centoventi lire
e una vecchia cassiera dalle labbra viola
strappava per te il prezioso bigliettino e tu entravi
e c'era sempre un uomo con le caramelle in mano
e una fanciulla di un'altra età, smarrita in quella sala
che ti parlava di giostre e tamburelli e ti diceva
lui non è tornato, lui non è tornato e io sono
la voce del tempo, la voce del tempo e del distacco
che si ripete in ogni tempo e mi appoggiava la testa
sulla spalla e intonava una canzone
dalle parole scure e a lungo durò la melodia, a lungo,
e alla fine divampò la solitudine.

SECOND STOP OF THE NIGHT JOURNEY

And then you visited them all, one by one, all the forgotten cinemas
scattered across the suburbs, the poor corners of the neighborhood
that offered two films for a quarter
and an old purple-lipped cashier
tore up the precious little ticket for you and you went in
and there was always a guy with candies in his hand
and a younger girl, lost in that room
who talked with you about carousels and tambourines and told you
he hasn't come back, he hasn't come back and I am
time's voice, the voice of time and detachment
that repeats itself in every time and she laid her head
on my shoulder and sang a song
with dark words and the melody lasted long, for a very long time
and at the end up flared the loneliness.

TERZA TAPPA DEL VIAGGIO NOTTURNO

Più tardi, nel silenzio della via, hai trovato una lampada,
hai intonato la dolce canzone degli astri in movimento,
sei arrivato di fronte all'antico portone.
Ricordiamo, ricordiamo esattamente. Tutto avvenne
in una festa di ragazzi. Lei era lì e ti aspettava. Non sapeva
nulla di te, ma ti aspettava. Aveva un nome che hai osato
chiamare e l'hai ripetuto come un anniversario, l'hai spinto
nel cerchio della tua voce. "Vuoi andartene o restare?"
"Voglio restare qui, mi manca solo ciò che palpita vicino."

THIRD STOP OF THE NIGHT JOURNEY

Later, in the silence of the street, you found a lamp,
you sang the sweet song of the asters in motion
you arrived before the ancient door.
We remember, we remember exactly. It all happened
at a kids' party. She was there and was waiting for you. She didn't know
anything about you, but was waiting for you. She had a name that you dared
to call out and you repeated it like an anniversary, you pushed it
into the circle of your voice. "Do you want to leave or stay?"
"I want to stay here, I only miss what is throbbing near me."

QUARTA TAPPA DEL VIAGGIO NOTTURNO

Sei entrato in un'immensa maratona
stanotte e hai guardato la luce dei baracchini
dove si radunano con un numero sul petto
e hai parlato ai gatti, hai parlato al gatto rossiccio
con un braccialetto bianco al collo
hai pensato che per scrivere
il tuo capolavoro devi guardarlo a lungo,
sempre più a lungo, fissare il rombo perfetto
delle pupille e non vedere nient'altro, a lungo,
sempre più a lungo,
finché tutti e due sarete ciechi e griderete.

FOURTH STOP OF THE NIGHT JOURNEY

Last night you entered an immense marathon
and you looked toward the light of the stalls
where they congregate, each with a number on his chest
and you talked to the cats, you talked to the ginger cat
with a white bracelet around his neck
you thought that to write
your masterpiece you had to look at him for a long time,
longer and longer, stare at the perfect rhombus
of his pupils and not see anything else, for a long time,
longer and longer,
until you both become blind and scream.

QUINTA TAPPA DEL VIAGGIO NOTTURNO

Hai camminato e sei giunto in una grande sala
dove uomini vestiti di scuro ascoltano la cantante
dall'abito turchese e percorrono un cammino
che va dall'inizio più remoto a questo pianoforte,
ascoltano la sua voce sempre più roca
dove mille voci che credevi disperse ritornano vive
ed escono dalla prima dimora, quando lei
gettò due mazzolini di viole ai tuoi piedi
e scomparve come un'ombra che non è giunta
al suo significato e quel signore solitario si chiama
Gottfried Benn, si volta verso di te e con un gesto
lento e desolato della mano sussurra una parola
prossima al nulla.

FIFTH STOP OF THE NIGHT JOURNEY

You took a walk and came to a large hall
where men in dark clothes listen to the singer
in her turquoise dress and take a path
that goes from the most remote beginning to this piano,
they listen to her voice growing more and more hoarse
where a thousand voices you thought had scattered return alive
and emerge from the first address when she
threw two bunches of violets at your feet
and disappeared like a shadow that has not reached
its meaning and that lonely fellow is called
Gottfried Benn, who turns to you and with a slow
and desolate gesture of his hand, whispers a word
close to nothingness.

SESTA TAPPA DEL VIAGGIO NOTTURNO

Cammini stasera verso le risaie della Barona, cammini
verso le grandi acque che circondano Milano con i passi
del fuggiasco, trovi il luogo nascosto a te stesso e ora sai
dove andare, sai che qualcosa ti attende e devi decifrarla,
a tutti i costi, devi trovare la chiocciola di luce che trema
in quel silenzio e affonda nel silenzio più vasto delle spighe
sotto la luna di aprile, nel risveglio dei chicchi,
quando la pula sparisce in una fuga di zanzare
e scocca l'ora più muta dell'anno, il bacio improvviso,
la bella lotta tra le spighe dove vi siete conosciuti.

SIXTH STOP OF THE NIGHT JOURNEY

Tonight you walk toward the rice fields of the Barona district, walk
with the steps of the fugitive toward the great waters that surround
Milan, you find the place hidden from you and now you know
where to go, you know that something awaits you and you have to
    decipher it
at all costs, you must find the snail of light that trembles
in that silence as it sinks into the vastest silence of the green sheaves
under the April moon, in the awakening of the kernels
when the chaff disappears in a flight of mosquitos
and the most silent hour of the year strikes, the sudden kiss,
the beautiful struggle between the sheaves where you met.

SETTIMA TAPPA DEL VIAGGIO NOTTURNO

Ogni cosa cammina oscuramente per le strade
prima di apparire e tu hai cercato
quell'autobus con tutte le tue forze, l'hai chiamato
per nome, l'hai invocato e si chiamava semplicemente
Cinquantasette. Ed è comparso. L'hai preso al volo
in una sera di giugno, la stessa sera
che ti parla con la voce errante del destino
tu rivedi il cupo splendore dei tiri e degli abbracci
segui le tue orme e il mosto invisibile del tempo
ti invade, l'eco di una corsa che finisce qui,
l'attimo che prolunghi fino all'ultima fermata.

SEVENTH STOP OF THE NIGHT JOURNEY

Everything walks shrouded through the streets
before appearing and you searched for
that bus with all your strength, you called it
by name, you invoked it and its name was simply
Fifty-Seven. And it appeared. You caught it on the fly
on a June evening, the same evening
that speaks to you with a destined voice
you see again the gloomy splendor of the volleys and the hugs
you follow your own footsteps and the invisible must of time
invades you, the echo of a route that ends here,
the moment you stretch out to the last stop.

PENULTIMA TAPPA DEL VIAGGIO NOTTURNO

Poi entri nella piscina da una rete sgangherata,
ti immergi tra le ombre che si affollavano di giorno,
comprendi che questo è il momento.
Il prima e il dopo convergono in sasso. Tu
lo scagli laggiù, nel grande sonno delle acque,
dove scompare il tuo nome lentamente
e sei uno degli idioti sul muretto
che radunano tutta la vita in un gemito
guardi le corde di acciaio del trampolino
e poi guardi l'oscurità nel corridoio
che si espande silenziosa dentro di te
guardi un punto solitario della vasca e vedi
il tuo nome sul cemento,
senti lo stesso odore di cloroformio
dove affondò la veste di lino,
intoni l'ultima nota di un'immensa sinfonia,
con la voce di tutti gli affogati.

PENULTIMATE STOP OF THE NIGHT JOURNEY

Then you enter the pool from a rickety net,
you immerse yourself in the shadows that flocked together during
    the day,
you understand that this is the time.
The before and the after converge in a stone. You
cast it down there, to the waters' enormous sleep,
where your name slowly disappears
and you are one of the idiots on the little wall
who gather all life in a groan
you look at the steel springs of the trampoline
and then at the darkness of the corridor
that silently expands inside you
you look at a lonely spot in the tub and see
your name on the cement,
you smell the same smell of chloroform
where the linen garments sank,
you sing the last note of an immense symphony,
with the voice of everyone who has drowned.

ULTIMA TAPPA DEL VIAGGIO NOTTURNO

Ma tu sei vissuta veramente, Giada, ala sinistra
del diavolo, tu che ogni domenica
sulla panchina di legno ridevi in piena luce
con la maglietta rossonera? E voi, compagni
di una scuola vicina all'ultima stazione, quando
siete scesi, quando siete
scesi nel bianco precipizio?

LAST STOP OF THE NIGHT JOURNEY

But you really lived, Giada, left wing
of the Devil*, you who every Sunday
in a red and black jersey used to laugh under
bright light on the wooden bench? And you, classmates
of a school near the last stop, when
did you step down, when did you
step down into the white precipice?

---

*A.C. Milano, Milan's soccer team, known as "The Devil"

III.

DIALOGHI CON LE ORE CONTATE
DIALOGUES WITH NUMBERED HOURS

LAURETTA

Allora scesi dall'autobus 94 e mi trovai in cortile, passai
tra le lettighe e le ambulanze, raggiunsi l'ingresso,
entrai nel corridoio dove si aggirano donne
con l'anello spezzato, mute, si aggirano nel dominio
dell'attimo presente, sono qui, sono eternamente qui,
e sorridono con il fazzoletto sporco di trucco.
L'ho riconosciuta, dopo sessant'anni, dall'essenza.
L'ho riconosciuta dal silenzio che la invadeva da bambina,
quando restava acquattata dietro al pozzo o quando taceva
per tutta la cena, oppure entrava di sera
nel grande pioppeto, faceva perdere le tracce.
L'ho chiamata con il nome di allora. "Non sei cambiata
di un millimetro, Lauretta." "Lo so, lo so, non si cambia
in questa vita." "Quando uscirai da qui, quando
verrai a trovarmi?" "Non uscirò, amico mio.
Da piccola mi smarrivo per gioco, ma poi...
non so come... forse un incantesimo di lucciole...
poi mi sono smarrita per sempre."

LAURETTA

So I got off the 94 bus and found myself in the courtyard, I passed
between stretchers and ambulances, I reached the entrance,
I entered the corridor where women wander
with the broken ring, mute, they wander the realm
of the present moment, they are here, they are eternally here,
and they smile holding handkerchiefs stained with makeup.
I recognized her, after sixty years, from her perfume.
I recognized her from the silence that invaded her as a child,
when she crouched behind the well or when she was silent
for the whole dinner, or she would come in at night
in the great poplar grove, making you lose her tracks.
I called her by her bygone name, "You haven't changed
an inch, Lauretta." "I know, I know, you don't change
in this life." "When will you get out of here, when
will you come to see me?" "I will not get out, my friend.
When I was a child, I used to get lost for fun, but then...
I don't know how... maybe a firefly cast a spell,
then I got lost forever."

A.D.E.

"Strano nome per un garage" mi dico, e intanto scendo,
metto la prima, le curve sono strette e poco illuminate.
Scendo con questa Uno malandata, scendo
lentamente nell'oscuro e adesso fa freddo e sempre più buio,
metto gli abbaglianti e scendo
fino a un vasto piazzale deserto con due o tre auto
di un altro tempo, una Milleotto e una Simca, ed entro
in una stagione remota eppure nostra, tra i corpi
del dopoguerra, e allora scendo, scendo di più,
scendo fino in fondo, scendo ancora
e finalmente lo vedo, mio fratello Puia, mentre sfoglia
un almanacco di calcio illustrato ed entra nella sua stanza
piena di gagliardetti, trofei e fotografie con la dedica
di antichi giocatori. "Guarda, qui c'è Liedholm, gran signore..."
"L'hai conosciuto di persona?" "Sì, sono andato a trovarlo
in Monferrato e mi regalò due bottiglie del suo vino:
è stato il giorno più bello della mia vita." "E poi?"
"E poi c'è Schiaffino, detto Pepe, che giocava sul campo
ma osservava la partita dall'alto di una torre."
"Oh Puia, che gioia vederti sorridere!"
"Sì, fratellino, sorrido: questo è stato il mio tempo,
un tempo di dischetti e figurine, e qui resterò per sempre."

A.D.E.

"Strange name for a parking garage" I tell myself, and meanwhile I
    go down,
I shift to first gear, the curves are narrow and poorly lit.
I go down with this battered Fiat Uno, I go down
slowly into the dark and now it's cold and darker and darker,
I put on the high beams and go down
to a vast deserted open lot with two or three cars
from another time, a Milleotto and a Simca, and I pull
into a remote season yet ours, among the postwar
bodies, and then I go down, I go down more,
I go all the way down, I go down again
and finally I see him, my brother Puia, while he is browsing
an illustrated soccer almanac and enters his room
full of pennants, trophies and photographs with dedications
from ancient players. "Look, here is Liedholm, a great gentleman..."
"Did you meet him in person?" "Yes, I went to see him
in Monferrato and he gave me two bottles of his wine:
it was the best day of my life." "And then?"
"And then there is Schiaffino, aka Pepe, who played on the pitch
as if he were watching the game from the top of a tower."
"Oh Puia, what a joy to see you smile!"
"Yes, little brother, I smile: this has been my time,
 a time of penalty shots and stickers, and I will stay here forever."

CARAMELLE DI MENTA

Da quanto tempo non entravo al Centro Schuster,
da quanto tempo non sentivo le frasi sconnesse e favolose
di Drino Danilovič, il primo allenatore,
con il berretto a visiera, quello che accarezzava la porta
con il suo fazzoletto di cotone e con una vampata
di parole folgorava gli ippocastani.
"Mister, lei è ancora qui, nel campo a nove giocatori,
è ancora qui con lo stesso taccuino e la stessa matita."
"Sono sempre stato qui e ti aspettavo, ragazzo.
Ma tu? Sei rimasto l'inquieto pulcino
che correva sulla fascia e poi tremava? Oppure sei riuscito
a far pace con la vita?" "Mister, non lo so, ma sono qui,
sono tornato per saperlo."
"Sono soltanto tre, posso dirtelo, le regole del bene,
soltanto tre: portare il pallone nel soffio
della prima altalena, portare ogni dribbling in un balletto
astrologico, trovare in una stella
l'attimo giusto per il calcio di rigore."

MINT CANDIES

How long had I been away from the Schuster Center,
how long without hearing the disjointed and fabulous phrases
of Drino Danilovič, the first coach,
with his peaked cap, the one who used to pat the door
with his cotton handkerchief and in a stream of swearing
whack the horse chestnuts.
"Mister, you are still here, in the nine-player field,
you are still here with the same notebook and the same pencil."
"I've always been here waiting for you, boy.
But you? You remained the restless chick
running on the wing then shaking? Or you made
your peace with life?" "Mister, I don't know, but I'm here,
I came back to find out."
"There are only three rules for the good, I can tell you,
only three: carry the ball on the breath
of the first swing, bring each dribble into an astrological
ballet, find in a star
the right moment for the penalty kick."

STRAPIOMBO

Là dove il Monferrato si distende verso la Liguria,
in un paese di poche creature chiamato Ricaldone,
l'ho incontrato. L'ho incontrato ed è rimasto il ragazzo
assorto che sussurrava parole una per una,
dai campi si alzava un profumo di nebbia
e quando tacquero le tortore decise subito l'affondo.
"Sono solamente ciò che ho detto, eppure... eppure..."
bisbigliò inseguendo di persona ogni parola
e ogni parola svaniva lontano, nei campi
di una pena essiccata. "Eppure, Luigi, eppure?"
Si fermò impallidendo e si chinò,
come per raccogliere a terra la frase interrotta. "Eppure
è sempre più grande... è sempre più grande
l'ombra di ciò che abbiamo taciuto."

PRECIPICE

It was there where the Monferrato extends towards Liguria,
in a village called Ricaldone of just a few creatures
that I met him. I met him and he remained the boy,
all absorbed, who used to whisper words one by one,
a scent of mist rose from the fields
and when the turtle doves grew silent, he immediately decided to
    lunge.
"I am only what I said, and yet... and yet ... "
he whispered, chasing each word himself
and every word faded away into the fields
of a dried punishment. "And yet, Luigi, and yet?"
He stopped turning pale and bent down,
as if to pick up the interrupted sentence from the ground. "And yet
it's getting bigger... it's getting bigger
the shadow of what we have kept silent."

LIBERTÀ VIGILATA

Dopo tutti gli anni del carcere, dopo gli infiniti
corridoi percorsi insieme fumando sigarette alla menta,
ti rivedo fuori, in un bar, e so che stasera dovrai tornare
nel grigio profondo della cella e del tempo,
ma ora siamo qui e il tuo sorriso di bambino esulta,
come quando recitavi *Meriggiare pallido e assorto*
e tornavi alla tua infanzia di mare e di oleandri.
"Non farò come gli altri, mi creda, non mi aggrapperò
al crocefisso." Mi guardi con il tono orgoglioso
di un uomo solitario, accenni ai preti del carcere,
ai loro complici celesti. "Siamo su un confine tremendo,
tra un nulla e l'altro nulla, e non possiamo abbracciare
il sacro cuore e i trafficanti della fede."
È giusto così, penso, ti è rimasto il brio e la forza
del disprezzo e noi resteremo fedeli a questo bar,
destinati entrambi al niente, al grande niente
che ci dona la visione.

PROBATION

After all the years in prison, after the endless
corridors walked side by side smoking menthol cigarettes,
I see you outside, in a bar, and I know you have to come back
    tonight
in the gray depth of the cell and of time,
but now we are here and your childlike smile rejoices,
as when you used to recite "Meriggiare pallido e assorto"
and you went back to your youth of sea and oleanders.
"I will not do as the others, believe me, I will not cling
to the crucifix." You look at me with the proud tone
of a lonely man, you mention the prison priests,
their heavenly accomplices. "We are on a terrible edge,
between one nothing and another, and we cannot embrace
the sacred heart and the traffickers of the faith."
That's right, I think, you have the panache and strength left
that comes from contempt and we'll stick with this bar,
both destined for nothing, for the great nothing
which gives us the vision.

COMUNITÀ INCONTRO

"Ma puoi uscire qualche volta?" gli chiedo
perforando all'improvviso il silenzio,
mentre l'ombra scende sulla ghiaia
e la sua anima assetata vaga
nel cortile senza meta e anche le dalie
trattengono il respiro e il tempo
a poco a poco ci separa.
Tacciono gli antichi richiami della cena
e della madre, l'infanzia
si fa buia e non è sua
né mia, ma appartiene a una polvere diffusa
che ci avvolge e ci fa muti.

COMMUNITY MEETING

"But can you go out sometime?" I ask him
suddenly piercing the silence,
as the shadow falls on the gravel
and his thirsty soul wanders
in the courtyard aimlessly and even the dahlias
hold their breath as time
separates us little by little.
The ancient calls for dinner stay silent
and those too of the mother, childhood
grows darker and it's not his
not mine, but belongs to a scattered dust
that envelops us and leaves us mute.

ALBERICO SALA

Dopo il check-in, mentre chiudevo la borsa,
sentii una voce dispersa nelle stagioni, la voce
di un'antica creatura mi chiamava ancora e diceva
dobbiamo parlare, prima che il volo ci porti
via per sempre, io sono quell'uomo sorridente
che passava sotto la tua finestra, in viale Majno,
e ti invitava a prendere un caffè e tu scendevi
in strada con i tuoi fogli e la tua infinita giovinezza
e andavamo insieme parlando di un amore
finito male e di tutti noi *passeggeri*. Io ho creduto
nella tua poesia, Milo, sono stato il primo e ora
ti dico vieni qui, presto, prima dell'ultimo volo.

ALBERICO SALA

After the check-in, as I was zipping my bag,
I heard a voice lost in the seasons, the voice
of an ancient creature was still calling me and said
we need to talk, before the flight takes us
away forever, I'm that smiling man
who used to pass under your window, in viale Majno,
and invited you for a coffee and you would come down
to the street with your papers and your infinite youth
and we'd walk together talking about a love
that ended badly and of all of us *passengers*. I believed
in your poetry, Milo, I was the first and now
I tell you come here, quickly, before the last flight.

DIALOGO CON IL COMPAGNO

Al Parco delle Cave, tra sterpaglie e laghetti, ti ritrovo
con lo stesso slancio delle assemblee antiche e dei cortei,
mentre il sole scende all'improvviso e una foschia
immerge le nostre parole nel vapore del tempo
che le porta lontano da noi. "Io canto ancora gli ultimi"
mi dici con la voce astuta che conosco
e combatto da sempre, dall'era primitiva del nostro
primo incontro in qualche aula dell'Università Statale;
anche allora cercavi gli ultimi e mi chiedevi
da che parte stai da che parte stai e io ti dicevo
sorridendo che la poesia non sta dalla nostra parte
ma in un luogo tremendo e solitario, dove nessuno
resta intatto. "Ma insomma da che parte stai *adesso*
da che parte stai?" mi ripeti e io adesso
sto soltanto dalla parte del tuo bel viso
sbranato dalle rughe e avvolto in un pallore
che vedo dopo cinquant'anni, con il tuo viso più vero
di ogni risposta, con il tuo viso prossimo alla morte.

DIALOGUE WITH THE COMRADE

At the Parco delle Cave, among brushwood and ponds, I find you
fired up with the same momentum as in the old demonstrations
when the sun suddenly drops and a haze
immerses our words in the steam of time
that takes them away from us. "I still sing those left behind"
you tell me with the cunning voice that I know
and I have always fought, since the primitive era of our
first meeting in some classroom of the University in Milan;
even then you were looking for those who were left behind,
    asking me
which side are you on which side are you on and I used to tell you
smiling that poetry is not on our side
but in a terrible and lonely place, where no one
remains intact. "But, so, which side are you on now
which side are you on?" you repeat to me and now
I'm just on the side of your handsome face
torn apart by wrinkles and wrapped in a pallor
that I see after fifty years, with your truest face
in every answer, with your face nearing death.

BIANCO CRISTALLINO

You'll follow me down

Ti supplico di fermarti ma ne voglio ancora,
e il nostro sangue si coagula stanotte e alla fine
di una linea bianchissima appari tu
e noi siamo la monetina che decide tutto all'ultimo secondo
e tu intuisci la serietà della morte e il sangue
si addensa si addensa
non oso dirtelo ma tra poco mi seguirai giù, mia
bella citareda, mi seguirai in un lento oscillare senza frasi,
mi seguirai ancora più giù, dove non risuona
più nessun giudizio e saremo soli, saremo
l'abbraccio tremendo della neve che scende nell'arteria
e ci dissolve.

CRYSTALLINE WHITE

You'll follow me down

I beg you to stop but I want more of it,
and our blood clots tonight and at the end
of a very white line you appear
and we are the coin that decides everything at the last second
and you intuit the seriousness of death and the blood
thickens and thickens
I dare not tell you but soon you'll follow me down, my
beautiful kitharode, you will follow me in a slow swing without
    words,
you will follow me further down, where judgment no longer
resonates and we will be alone, we will be
the tremendous embrace of the snow that flows down through
    our artery
and dissolves us.

AUTOGRILL CANTALUPA

Davanti alla porta girevole, in un profumo di caffè
e di vecchi panini, mentre scorre lento e poderoso
il fiume delle automobili lontane, l'ho incontrata
come si incontra il calendario di se stessi, l'ho incontrata
ed era ancora lei, la prima creatura amata sulla terra,
la prima per sempre, la vela che si inoltra tra i giorni
e raggiunge gli anni futuri, quando si raccolgono
i frutti dispersi e si decide di farli o di non farli durare
e lei era ferma in cima alle scale e dilagava il silenzio
e i clacson divennero sempre più tenui, come la luce
dei fanali, la memoria dissolta, il respiro ormai muto.

AUTOGRILL CANTALUPA

In front of the revolving door, in the scent of coffee
and old sandwiches, while the river of distant cars
flows slowly and powerfully, I met her
the way you meet your own calendar, I met her
and it was still she, the first beloved creature on earth,
the first forever, the sail that goes through the days
and reaches the future years, when they gather
the scattered fruits and one decides to make them last or not
and she was standing at the top of the stairs and there was silence
and the horns became more and more dim, like the light
of the headlights, the memory dissolved, the breathing now silent.

PENSIONE IRIDE

In fondo a via Porpora, prima delle grandi pianure,
c'è un albergo a due stelle che si chiama *Iride*
e raduna in un lampo di piacere le giovani prostitute
della Montagnetta e i ragazzi di terza media
con i pantaloni corti, la squadra e il compasso,
che vengono qui per ritrovare il firmamento
nell'azzurro delle camere e conducono
le stelle femminili nelle righe del loro quaderno.
Qui ho incontrato Federica, che usciva silenziosa
dall'ingresso; mi abbracciò, antica compagna
di banco e di paure. "Vivi qui, amica mia?"
"Sì, vivo qui, tra i ragazzi
di un'altra età, tra le ragazze assolute e passeggere
che amano i colori lucenti... qui resterò,
non uscirò da questa stanza."

THE IRIS INN

At the end of via Porpora, before the great plains,
there is a two-star hotel called *Iride*
and in a flash of pleasure it gathers the young prostitutes
from Montagnetta and eighth graders
in shorts, square and compass,
who come here to find the firmament
in the blue of the rooms and escort
the female stars in the lines of their notebook.
Here I met Federica, who was exiting silently
out the front; she embraced me, ancient companion
of school and fears. "Do you live here, my friend?"
"Yes, I live here, among the boys
of another age, among free and transient girls
who love bright colors... here I will stay,
I won't leave this room."

TRA GLI AUTOBUS DI LAMPUGNANO

La sera, nella grande stazione dei pullman, è una frenesia
di corpi e di luci, tutto sta iniziando, tutto s'incammina,
tra clacson e fanali, le ruote fremono, si aggregano le ombre
e l'ho trovato qui, l'amico delle feste lussuose, l'amico
dai golf di cashmere e le scarpe di Brigatti, che si avventura
come un fanciullo di mille anni verso un'altra terra
con una ferita che dilaga nel suo corpo e una fuga
che vuole confondersi con il mondo e gioca a nascondino.
"Tu dove vai?" "Non so, non so, il vento
soffia dove vuole." "Vediamoci, una sera a cena,
quando tornerai." "Non lo so, prima devo scordare
tutto, tutto deve essere scordato."

AMONG THE LAMPUGNANO BUSES

In the evening, in the large bus station, there is a frenzy
of bodies and lights, everything is beginning, everything is
    moving forward,
between horns and lights, the wheels quiver, the shadows gather
and I found him here, the friend from luxurious parties, the
    friend
with cashmere sweaters and Brigatti shoes, who ventures
like a child of a thousand years to another land
with a wound that spreads through his body and an escape
who wants to blend in with the world and plays hide and seek.
"Where are you going?" "I don't know, I don't know, the wind
blows where it will." "Let's meet up, one evening for dinner,
when you get back." "I don't know, first I have to forget
everything, everything has to be forgotten."

IN UN BAR DEGLI ANNI SETTANTA

"La mia vita, vedi, si è protratta per anni e stagioni
in una casetta di viale Certosa
illuminata ogni giorno da un bar, con una moglie
rossa di capelli ma stranamente mansueta, una cattolica
priva di tragedia, se così posso dire, che aveva in mente
il sol dell'avvenire e il crocifisso. Tutte cose non tue,
Milo, lo so bene, ma è andata così, e non ci posso fare nulla.

No, non è vero.
Qualcosa ho fatto, ed è stato l'estremo tentativo, la mia
sbilenca estrema azione per salvarmi dal paradiso celeste
o socialista, per tornare finalmente tra gli eroi,
tra i nostri eroi, per tornare nell'immenso nulla valoroso,
e solitario, per tornare l'antico ragazzo che hai amato,
credo, se mi ascolti questa sera. Ho scelto il bar giusto.

Ho scelto
un bar vicino al cimitero di Musocco, come si dice
da queste parti, il cimitero grande e disperato
di chi non si è redento e muore tra ruscelli di sangue
o di tequila, ma in fondo sono sempre quello che tu ammiravi,
quello che traduceva Platone a prima vista,
affascinato da una lingua infinita che ancora oggi mi parla

IN A SEVENTIES BAR

"My life, you see, has stretched out for years and seasons
in a little house on viale Certosa
lit every day by a bar, with a red-haired
wife who was strangely tame, a Catholic
devoid of any tragedies, if I may say so, who had in mind
the coming sun and the crucifix. All things that don't belong to you,
Milo, I know it well, but that's how it went, and there's nothing I
    can do about it.

No it is not true.
I did something, and it was my last attempt, my
lopsided extreme step to save me from heaven, celestial
or socialist, to finally return among the heroes,
among our heroes, to return to the immense valiant nothingness,
and solitary, to return to being the old boy you loved,
I think, if you listen to me tonight. I picked the right bar.

I chose
a bar near the Musocco cemetery, as they call it
around here, the big and desperate cemetery
of those who have not redeemed themselves and die in streams of
    blood
or tequila, but deep down I'm still the one you admired,

e mi saluta, mi supplica di restare tra loro, i grandi taciturni che avanzano con le donne di legno sulla prua, le testuggini, il bronzo forato sopra il naso."

who was able to translate Plato at a glance,
fascinated by an infinite language that still speaks to me today
and greets me, begs me to stay among them, the grand
taciturn ones advancing with the wooden women on the prow,
the tortoises, the bronze pierced above the nose."

LA PISCINA SCARONI

Lo stile è sempre quello, da pura delfinista, la gambata
subacquea e potente, il corpo che disegna un movimento
ondulatorio, la respirazione frontale, la virata
sempre più perfetta a ogni allenamento, il minuto
da non superare.
E proprio lì, sui blocchi di partenza, la raggiunsi e le diedi
la notizia. Sorrise e mi disse soltanto "dovevi ritornare...
solo io... solo noi ti abbiamo atteso così profondamente."
"Dovevo ritornare, lo so, ma non per te, mia invincibile amica,
e nemmeno per le vostre voci ritrovate... dovevo tornare
per un oscuro richiamo dei luoghi, per questo
rettangolo azzurro e per i suoi cinquanta metri
che innumerevoli corpi percorrono, per il tuffo
che illumina laggiù la piattaforma e il doppio avvitamento
sospeso nell'aria e nel brivido del tempo, per conoscere
ciò che mi aveva già conosciuto."

THE SCARONI SWIMMING POOL

The style is always the same, a pure butterfly stroke expertise, the kick
underwater and powerful, the body that outlines a movement
undulating, the frontal breathing, the turn
more and more perfect with each workout, the minute
not to be exceeded.
And right there, on the starting blocks, I reached her and gave her
the news. She smiled and just said "you had to come back...
only I... only we have waited for you so profoundly."
"I had to return, I know, but not for you, my invincible friend,
and not even for your rediscovered voices... I had to go back
for an obscure call from these places, for this
blue rectangle and for its fifty meters
that innumerable bodies travel through, for the diving
that illuminates the platform and the double screw over there
suspended in the air and in the shiver of time, to know
what had already known me.

LIBERTÀ DAL CONOSCIUTO

In un *ashram* qualunque, tra creature soavi
che lodano il mattino eterno e l'eterno sorriso,
è piombato il gelo della mia parola, con gli acuti
del pensiero che irrompono nell'armonia prestabilita
e l'azzannano con un colpo di karate. "Perché cantate
queste lodi senza senso, perché cantate in nome mio?"
"Perché c'è un'armonia invisibile
e potente dove sei accolto anche tu,
anche tu che hai scelto il nulla" mi risponde
una voce flautata, un corpo di viola
avvolto nel suo lungo *shari*, e poi si allontana
con la stessa misteriosa levità di Jiddu
Krishnamurti. E io resto immobile, a lungo, scruto
le finestre che si chiudono, le sue mani aggrappate
alla maschera, i passi svaniti nell'aria
e ritorno nella mia unica casa,
la casa del massacro.

FREEDOM FROM THE KNOWN

In any *ashram*, among suave creatures
who praise the eternal morning and the eternal smile,
the chill of my word has spread, with the high notes
of thought that break into the pre-established harmony
and bite it with a karate chop. "Why do you chant
these meaningless praises, why do you chant in my name?"
"Because there is an invisible and mighty
harmony where you too are welcomed,
you too who have chosen nothingness" he replies
with a fluted voice, a viola body
wrapped in his long *shari*, and then walks away
with the same mysterious lightness of Jiddu
Krishnamurti. And I remain motionless, for a long time, I scrutinize
the closing of the windows, her hands clasped
to the mask, the footsteps vanished in the air
and I go back to my only home,
the house of massacre.

ESSELUNGA

Nel traffico dei carrelli, vicino alla cassa, appare
—come un superstite tremante, come una figura
devastata da se stessa—il poeta che fu bello e giovanissimo,
il ragazzo dai versi secchi, brevi e tassativi, il poeta
travolto poi da un gioco di frecce avvelenate
che ora si conficcano nel viso:
cerco invano uno spiraglio adolescente e resto fermo,
perduto nelle linee del suo quaderno,
singhiozzi spezzati che non varcarono l'età.

Con l'ora delle grandi piogge arrivano gli altri
ed è giusto ritrovarli qui, tutti insieme,
nel garage delle voci tarlate
dove si aggirano corpi, orme e pezzi di nulla
ruotano le colonne e l'inchiostro ammuffisce
sul pavimento. Silenzio. Giungono in silenzio,
come una pattuglia di risvegliati,
con la pece nella mano e le uova di luce scossa.

Un twist accennato da Daniele Limonta.
E poi Guido, il taciturno dei corridoi.
E Stefanella, ancora lei, mi chiama per nome:
"nessuno saprà, amico mio,

ESSELUNGA*

In trolley traffic, near the checkout, it appears
—as a shivering survivor, as a figure
devastated by himself—the poet who was handsome and so young,
the boy with dry, clipped and peremptory verses, the poet
then overwhelmed by a game of poisoned arrows
which now stick in the face:
I look in vain for an adolescent glimmer and I remain still,
lost in the lines of his notebook,
broken sobs that did not cross into this stage.

With the hour of heavy rains, the others arrive
and it is right to find them here, all together,
in the garage of worm-eaten voices
where bodies, footprints and pieces of nothing roam
the columns rotate and the ink grows moldy
on the floor. Silence. They come in silence
like a patrol of the awakened,
with pitch in one hand and the eggs of shaken light.

A twist suggested by Daniele Limonta.
And then Guido, the taciturn of the corridors.

---

* *Esselunga ("Long S") is a retail store chain, founded in 1957 by U.S. and Italian business partners.*

di quell'antica corsa, nove netti sugli ottanta,
di' una parola per noi, non restare
muto anche tu."

And Stefanella, still herself, calls me by name:
"no one will know, my friend,
 of that ancient race, 80m in nine seconds,
 say a word for us, don't you too
 remain silent."

UN FILM CHIAMATO "IL GRIDO"

L'ho atteso, questo incontro, tra le ombre della sala,
la stessa sala che nel 1958 mi commosse e rese muto
su una poltroncina di velluto rosso, mi portò
tra le foschie del Polesine, tra i demoni segreti
di un uomo solo, tra le cose infinitamente taciute,
mentre la nebbia invadeva lo schermo e poi il corridoio,
un fiume di dolore bianco e nero. Avevo vicino
la creatura che vidi uscire lentamente, assorta,
colpita anche lei da un male senza origine
e volli ringraziarla di avermi portato lì, dall'inutile
casa elegante alle spine della bellezza rigorosa.
"Non devi ringraziarmi, Milo, è giusto
così, sono contenta, sono pur sempre tua
madre."

A MOVIE CALLED "THE CRY"

I waited for it, this meeting, in the shadows of the theater,
the same theater that in 1958 moved me and left me silent
on a red velvet armchair, carrying me
among the mists of the Polesine, among the secret demons
of a lonely man, among things infinitely silent,
as the mist invaded the screen and then the corridor,
a river of black and white pain. I had next to me
the creature that I saw coming out slowly, absorbed,
also affected by an evil without origin
and I wanted to thank her for having brought me there, from
    the useless
elegant house toward the thorns of rigorous beauty.
"You don't have to thank me, Milo, it's only
right, I'm happy, after all I'm still your
mother."

MERCOLEDÌ

Al parco della Rimembranza, nella nebbia del nord,
nel giorno del suo compleanno, non potevo trovare che lui.
Guardava per terra le castagne appena cadute e si divertiva
a spingerle nel fosso con il piede sinistro, con quelle scarpe
anni trenta che gli davano un'insolita eleganza.
Lo guardai da lontano. Magro, pensoso, proteso a un'eterna
stagione che sfiora tutti noi passeggeri.
Lui solitario per forza e per natura,
guardava i bambini in bicicletta con una strana attenzione,
raccoglieva gli emblemi dell'inizio e della fine, sentiva forse
che era ormai breve il suo segmento e camminava
sempre più lento con un grido nel sangue
che solo i poeti possono scorgere.
Alla fine si sedette su una panchina con il suo dattiloscritto
dalle mille correzioni fatte a penna che teneva sulle ginocchia
e scriveva, scriveva e io ero un ragazzo e non sapevo
nulla di lui, ma guardai a lungo quel titolo: *La luna e i falò*.

WEDNESDAY

At the Park of Remembrance, in the northern mist,
on his birthday, I could only find him.
He was looking at the chestnuts, freshly fallen on the ground, and
    amused himself
by pushing them into the ditch with his left foot, with those
    Thirties-style
shoes that gave him an unusual elegance.
I watched him from a distance. Slender, thoughtful, reaching out to
    an eternal
season that touches all of us passengers.
Solitary by will and by nature,
he was watching the children on their bicycles with a strange
    attention,
he gathered the emblems of the beginning and the end, perhaps he felt
that his time at this point was short and he walked
slower and slower with a cry in his blood
that only poets can catch.
Finally he sat down on a bench with his typescript
on his knees with a thousand corrections made in pen
and was writing and writing and I was a boy and knew
nothing about him, but I looked at that title for a long time: *The
    Moon and the Bonfires.*[*]

---

[*]*The Moon and the Bonfires is the last novel by Italian writer Cesare Pavese. The book was published in 1950, only a few months before the author took his own life.*

IV.

AURORA CON RASOIO
DAWN WITH A RAZOR

"...corre levando impetuosi gridi
una pallida giostra
di poeti suicidi."
—Arrigo Boito

"...a pale carousel
of suicide poets
runs raising impetuous cries."
—Arrigo Boito

UDIENZA

E tu cominci a sentire, nelle parole che hai detto, il respiro
di quelle taciute: sono lì, sono lì, bussano alla porta
non se ne vogliono andare, restano ferme fino a sera,
ti sfiorano il viso e si allontaneranno solo all'alba.
Restano lì e la stanza diventa un'aula di tribunale e tu
sei l'imputato. L'accusa è sempre la stessa: il silenzio.
Le attenuanti non contano: dovevi parlare, dovevi
tirar fuori la bestia, esporre il demone nero al pubblico giudizio,
mostrarlo alla primavera, spargerlo per il mondo, guarire.

COURT HEARING

And you begin to hear, in the words you said, the breath
of those you didn't say: they are there, they are there, they knock
    on the door
they don't want to leave, they stay still until the evening,
they brush against your face and will only move away at dawn.
They stay there and the room becomes a courtroom and
you are the defendant. The accusation is always the same: silence.
Extenuating circumstances do not count: you had to speak, you
    had to
bring out the beast, expose the black demon to public scrutiny,
show it to the Spring, spread it around the world, as a way to heal.

EXODOS

Arrestiamo, per un attimo, la corsa
ritmata di questa maratona
guardiamo il foglietto del calendario
con i gatti, in cucina. E poi ricordiamo
con precisione la scena. Erano tanti
i ragazzi giunti in casa con le loro mani
desiderose di festa, le tartine, gli amaretti.
Tu guardavi smarrito i ritratti alle pareti
che ti sussurrano non è difficile, non è
difficile non è difficile, basta uscire
sul balcone e fissare una macchina ferma,
fissarla a lungo, tracciare una linea
verticale tra te e lei, chiudere gli occhi.

EXODOS

Let's stop, for a moment, the rhythmic
course of this marathon
let's look at the calendar page
with the cats, in the kitchen. And then let's remember
the scene accurately. They were many
the kids who came into the house with their hands
ready to party, the tartines, the amaretti cookies.
You looked bewildered at the portraits on the walls
that were whispering to you it is not difficult, it is not
difficult it is not difficult, just get out
on the balcony and stare at a stationary car,
stare at it for a long time, draw a vertical
line between you and the car, just close your eyes.

L'ARTE DI ESTINGUERSI

Lo farò in un giorno di pioggia, lo farò all'aperto, non voglio
sporcare la stanza, lo farò di notte nel Ticino. Nessuno
deve vedermi. Lo farò d'inverno, non voglio
il verde delle foglie, non posso sbagliare, l'arma è potente,
Benelli calibro 9, ho già disegnato il cerchio sulla pelle,
ho preparato tutto, ho concluso i miei compiti, cancellerò
ogni traccia sul computer, getterò il cellulare, getterò
tutti i quaderni, fogli, agende, tutto finirà nel nulla e non
chiedo perdono a nessuno, non lascio biglietti, lascio soltanto
una grande ciotola d'acqua e nove scatolette per Luna.

THE ART OF EXTINCTION

I'll do it on a rainy day, I'll do it outdoors, I don't want
to leave the room dirty, I'll do it at night in the Ticino River. Nobody
has to see me. I'll do it in the winter, I don't want
the grass's green, I can't make mistakes, the weapon is powerful,
Benelli caliber 9, I have already drawn the circle on my skin,
I have prepared everything, I have finished my homework, I will erase
all the traces on my computer, I will throw away the phone, I will throw away
all the notebooks, papers, diaries, everything will end in nothing and I won't
ask forgiveness from anyone, I won't leave notes, I'll only leave
a large bowl of water and nine cans for Luna.

BROWN SUGAR

La stanza era spogliata di tutto e restavano il limone,
l'aceto e un foglio di alluminio e sei rimasto solo
con la donna dalla sciarpa nera, quella conosciuta
al cinema Ducale e presa per mano nel buio
mentre nel buio combattevi con l'infinito e vivevi
un'epoca di dalie bruciate, una lotta all'ultimo sangue
tra il buio integrale e il raziocinio di pesare sul bilancino
i grammi del catrame. Tutto era nero.
E tu all'improvviso sbuchi nella via delle maschere,
vedi la polvere in volo, vedi ancora il catrame
sul ginocchio nudo, entri in un silenzio di persiane
che solo il ticchettio della sveglia interrompe
e spezzi i tuoi vasi sanguigni e raggiungi il soffio buio
del distacco

BROWN SUGAR

The room was stripped of everything and the lemon remained,
and the vinegar and the aluminum foil, and you're left alone
with the woman with the black scarf, the one you met
at the Ducale movie theater and held by the hand in the dark
while in the dark you fought with infinity and lived through
an era of burnt dahlias, a fight to the death
between total darkness and the rationality of weighing grams of tar
on the scales. Everything was black.
And suddenly you emerge from the street of masks,
you see the dust in flight, you still see the tar
on your bare knee, you enter a shuttered silence
that only the ticking of the alarm clock interrupts
and you pierce your blood vessels and reach the dark breath
of detachment.

L'ORA INATTESA

La serietà della morte ci ha accompagnato per tanti anni
con le voci interiori che all'improvviso esplodevano
l'abbiamo portata con noi nei supermercati e negli uffici postali
compilando moduli con una mano fuori dal tempo, l'abbiamo
taciuta per tanti anni tra i banchi di scuola e il campanello
dell'ultima ora, l'abbiamo taciuta per tanti anni
mentre gridava nel verde potente di un biliardo, l'abbiamo
sentita nella stretta musicale di un abbraccio, la serietà
della morte, ora ci attende con le sue mani oscure e un fermaglio
di legno nei lunghi capelli e ora usciremo dal teatro
e cammineremo da soli nel buio fino al luogo cruciale,
fino alla casupola vicino al fiume, dove finiremo
attenti a non sporcare nulla di sangue,
costringeremo il nulla a svelarsi.

THE UNEXPECTED HOUR

The seriousness of death has been with us for many years
with inner voices suddenly exploding,
we took it to supermarkets and post offices
filling out forms with a timeless hand, we have
silenced it for many years between the school desks and the closing
bell, we have kept it silent for many years
as it was shouting into the powerful green of a billiard table, we heard
it in the musical grip of an embrace, the seriousness
of death, now it awaits us with its dark hands and a wooden
barrette in the long hair and now we will leave the theater
and we'll walk alone in the dark to the crucial place,
up to the cottage near the river, where we will finish
careful not to get blood on anything,
we will force nothingness to reveal itself.

L'ORA IMPROTETTA

La vita continuerà altrove. La mia strada incontra un divieto
di accesso e le bacche gelate dall'inverno ripetono
che la mia voce non supera il cerchio,
che la giovinezza ha trovato la sua funebre essenza
che questa maglietta rossonera non sarà più vista
dai compagni e nessun abbraccio la riempirà di esultanza
rimpiango solo quel battere tumultuoso del sangue
che divampava ogni volta negli spogliatoi,
prima delle tribune intraviste e del fischio di partenza.
Il mondo continuerà altrove e io saluto tutti voi nella corsa,
saluto la mia vita, breve, recisa, definitiva.

THE UNPROTECTED HOUR

Life will continue elsewhere. My street meets a road
closed sign and the winter's frozen berries repeat
that my voice does not go beyond the circle,
that youth has found its funereal essence
that this red and black shirt from my teammates
will never be seen again and no hug will fill it with exultation
I only regret that tumultuous throbbing of blood
that flared up every time in the locker room,
before a glimpse of the grandstands and the starting whistle.
The world will continue elsewhere and I salute you all in the race,
I greet my life, short, cut, definitive.

$C_{21}H_{23}NO_5$

> *La parola, antica sibilla,*
> *è rimasta qui dentro, ammutolita, in questa*
> *camera d'albergo,*
> *la stessa che stasera hai scelto per tacere.*

A te che hai visto sparire improvvisa una stagione
e poi l'hai vista giungere al suo senso definitivo, a te svelo
la formula che dai soldatini di creta mi ha condotto
all'episodio finale, eremita dei chioschi notturni, mi ha reso
un gemito che bisbiglia ai paracarri, clown e martire
di un dolore ereditato, tessera disgiunta di un mosaico
troppo grande: sono ventitré le mie parti di idrogeno e ventuno
le mie parti di carbonio, sono cinque le mie parti di azoto,
prendile in mano e disperdile nel mondo.

$C_{21}H_{23}NO_5$

> *The word, ancient sibyl,*
> *remained in here, speechless, in this*
> *hotel room,*
> *the same one you chose tonight for keeping silent.*

To you who have seen a season suddenly disappear
and then saw it reach its definitive meaning, to you I reveal
the formula that led me from clay soldiers
to the final episode, hermit of all night kiosks, it turned me into
a moan whispering to the curbstones, clown and martyr
of an inherited pain, a disjointed piece of an outsized mosaic:
my parts of hydrogen are twenty-three, my parts
of carbon twenty-one, my parts of nitrogen are five,
take them in your hand and scatter them in the world.

METEORA INFUOCATA NELLA NOTTE

Non sarà una morte qualsiasi, diffonderò il mio dolore
nel mondo, pagherete il danno supremo,
il danno di avere macchiato la mia gioia, di averla spinta
nelle tenebre di un lago, di averla profanata
con l'artiglio delle ore vuote, con la lancia buia
del silenzio, con l'infinito tacere in cui abitate.
Non sarà una morte qualsiasi. Inghiottirò l'ostia
della vendetta, morirò in un fuoco prodigioso, farò dilagare
il mio tempo fermo fino a voi, mi cospargerò di benzina,
entrerò nel vostro tempio, entrerò nel vostro segreto.

METEOR AFLAME IN THE NIGHT

It won't be just any death, I will disperse my pain
in the world, you will pay back the ultimate damage,
the damage of having stained my joy, of having pushed it
into the darkness of a lake, of having profaned it
with the claw of empty hours, with silence's
dark spear, with the infinite silence in which you live.
It won't be just any death. I will swallow the host
of vengeance, I will die in a prodigious fire, I will fasten
my finite life to you, I will douse myself with petrol,
I will enter your temple, I will enter your secret.

PEPPINO

Non vi lascio parole d'amore, diari, bigliettini,
finisco questo esilio con uno zampillo
di veleno che si fa ruscello, torrente, fiume in piena,
uno zodiaco di gocce, un sonno celeste tra gli aerei
di Malpensa, nel grande parcheggio, tra i rombi
che coprono tutto e la pioggia che scende fittissima,
compirò questo mio fuori luogo
vi lascio soltanto l'estrema
pronuncia silenziosa, su questo sedile, su questa
mia sedia elettrica, vi lascio questo
mio nome abbreviato per troncare il calvario,
per entrare subito nel seno buio del sonno,
vi lascio questo foglio senza nulla, questa
bocca senza voce, questa
infinita pena che non ha origine e mi ha scelto.

PEPPINO

I won't leave you words of love, diaries, notes,
I will finish this exile with a gush
of poison that becomes a stream, a torrent, a swollen river,
a zodiac of drops, a celestial sleep among the planes
of Malpensa, in the large parking lot, among the rhombuses
that cover everything and the rain that comes down so thickly,
I will finish misplacing my displacement.
I leave you only the extreme
silent pronunciation, on this seat, on this one
my electric chair, I leave you this
my name shortened to truncate the ordeal,
to enter immediately into the dark bosom of sleep,
I leave you this blank sheet, this one
voiceless mouth, this one
infinite pain that has no origin and has chosen me.

SUBSTANTIA NIGRA

Il cibo dei pazienti è diventato carbone,
interi ripiani sono crollati con i nuovi farmaci.
Fallimento. Fallimento doloso, fallimento infinito
e fraudolento, fallimento che dai fogli di bilancio
ha invaso il tuo essere. Hai vissuto
con la morte intorno a te. Ora la vedi, ora la vedi,
ti sta raggiungendo, ti invade, tocca il lobo temporale,
l'acquedotto, il seno petroso, ora la sostanza nera
del fallimento arriva ai nuclei del talamo,
riscalda le pareti della stanza, percorre i corridoi
dell'ospedale, arriva alle caldaie, non si ferma,
non si ferma, dilaga nell'infanzia, nella prima bugia
su una spiaggia affollata dell'Adriatico,
nell'eterna vergogna di essere punito da lei,
nel dentino marcio che sentivi crescerti dentro,
nel grande liquido scuro che tra poco bagnerà
le tue vene e giungerà alla dura madre.

SUBSTANTIA NIGRA

The patients' food has turned to coal,
whole shelves with the new drugs collapsed.
Failure. Willful failure, infinite failure
and fraudulent, bankruptcy that from the balance sheets
has invaded your being. You lived
with death all around you. Now you see it, now you see it,
it is reaching you, it invades you, it touches the temporal lobe,
the aqueduct, the petrosal sinus, now the black substance
of failure reaches the nucleus of the thalamus,
warms the walls of the room, walks along the corridors
of the hospital, arrives at the boilers, does not stop,
it doesn't stop, it spreads into childhood, in the first lie
on a crowded beach on the Adriatic,
in the eternal shame of being punished by her,
in the rotten little tooth that you felt growing inside,
in the great dark liquid that will soon bathe
your veins and reach the dura mater.

CENERI DI UNA VISIONE

In questa stanza, in questo disegno abbozzato
a carboncino, colgo l'immagine lunare del tuo volto,
un lampo dentro il sangue, e grido al primo sconosciuto
ho sete ho tanta sete un po' d'acqua, vi prego, vi chiedo
soltanto un bicchier d'acqua
e guardate, vi supplico, guardate come rideva la vita
che non sappiamo più comprendere, come esultava
l'inno dei luoghi amati e il boato della folla felice
abbiamo rinnegato tutti gli dei per un foglio di carta
e un dischetto verde di veleno ci scaglia nei mulinelli
di un torrente veloce, sempre più veloce, nell'infarto.

ASHES OF A VISION

In this room, in this drawing sketched
in charcoal, I capture the lunar image of your face,
a flash inside the blood, and I scream at the first stranger
I'm thirsty I'm so thirsty some water, please, I ask you
just a glass of water
and look, I beg you, look at how fun-filled was the life
that we no longer know how to understand, how the anthem
of beloved places and the roar of the happy crowd rejoiced
we have rejected all the gods for a sheet of paper
and a green disk of poison throws us into the whirlpools
of a fast torrent, faster and faster, in the heart attack.

SOLITUDO OBSCURA SOLITUDO

Ma proprio ora tu cerchi
i corpi concretissimi sparsi nelle strade
di questa terra, li cerchi nelle strade
di questa terra, li cerchi disperatamente
e ora tornano tutti qui, bussano alle persiane
e alla quiete mortale di questo albergo
dove brillano quaranta pastiglie, alla quiete
estrema prima dell'uragano:
tre punti tre linee tre punti, occorre
fare presto, *Subito Occorre Soccorso*, tre punti,
tre linee, tre punti.

SOLITUDO OBSCURA SOLITUDO

But precisely now you seek
the very concrete bodies scattered in the streets
of this land, you look for them in the streets
of this land, you seek them desperately
and now they all come back here, knock on the shutters
and the deadly quiet of this hotel
where forty tablets shine, in the extreme
stillness before the hurricane:
three points three lines three points, it is necessary
hurry up, *Save Our Souls*, three dots,
three lines, three dots.

BERCEUSE

Bovi bovi dove andate
tutte le porte son serrate
son serrate a chiavistello
con la punta del coltello.
(Ninna Nanna Toscana)

Un battito della mente sparso in giro,
continuo, instancabile trafigge il tuo riposo
e tu senti che non c'è nessuno,
non c'è nessuno non c'è nessuno eppure salgono
dal gradino rotto della scala mobile i giudici antichi
con un tre scritto in blu sul foglio a quadretti
e una lunga bocciatura incancellabile dagli anni.
Non puoi non puoi non puoi dormire e non serve
il fenobarbital il secobarbital l'amobarbital non serve
l'azione breve né quella protratta perché la tua infinita
insonnia giunge da un luogo arcano e senza origine
né fine e tutto il male del mondo è annidato dentro te,
dentro te dentro te.

BERCEUSE

> *Oxen, oxen, where have you gone?*
> *all the doors are locked*
> *all are bolted tight*
> *shut by the tip of a knife*
> (Tuscan lullaby)

A pulse of the mind scattered around,
continuous, tireless, pierces your rest
and you feel that there is no one,
there is no one there is no one yet from the broken
step of the escalator the ancient judges come up
with a three written in blue on the squared paper
and a long rejection that cannot be erased over the years.
You can't you can't you can't sleep and phenobarbital,
secobarbital, amobarbital are useless
the short acting and the long acting both useless because your
    infinite
insomnia comes from an arcane place with no origin
and no end and all the evil in the world is nestled inside you,
inside you inside you.

EXODOS (II)

Morire giovane, questo l'ho sempre voluto, morire
in primavera, anticipare il lento disfarsi del pensiero,
il ginocchio marcio, morire come il tuffatore russo
che batte la nuca sul trampolino, come un poeta
che ha dato tutto al primo libro, leggero zen
senza dio né estrema unzione, morire così, ragazzi miei,
sospeso nella rovesciata che onorò tutta la squadra
e fece grandinare gli applausi, morire giovane
e sdraiato nel punto chiaro della stanza, annegare
nel sangue che esce sempre più forte, correre nelle vene
che si spalancano, fare con loro un giro di campo.

EXODOS (II)

To die young, that's what I always wanted, to die
in the Spring, to anticipate the slow unraveling of thought,
the rotten knee, to die like the Russian diver
who beats the back of his head on the trampoline, like a poet
who gave everything in the first book, as light as Zen
without god or extreme unction, to die like this, my friends,
suspended in the bicycle kick that the whole team honored
and released a hail of applause, to die young
and lying in the clear spot of the room, to drown
in the blood that comes out stronger and stronger, rushing
    through the veins
that open wide, taking with them a victory lap.

STRADA STATALE 31

Un boato nelle orecchie, un cigolio di cicale morenti,
un grido impazzito di grilli nelle risaie di Trino ed era
lo stesso urlo che ho sentito da bambino, pugnale
di una voce incrudelita, qualcosa che mi conosceva
e mi puniva con una sola e acutissima vocale.
Cosa volete da me, sibili oscuri? Perché mi avete scelto?
Oppure io sono uno di voi e perforo da sempre
la mia vita? Ho la collana dei senza gola e scendo
a visitarvi, guardo la goccia che cade sul ginocchio
e lo divide in pezzi, seguo le orme
tracciate da un piede cieco e non so come uccidervi
senza uccidere me stesso, nel grande
silenzio degli aironi, nel mio senza nome, nell'amore
che si spacca in due metà sconosciute e si estingue.

STATE ROAD 31

A roar in the ears, a squeak of dying cicadas,
a crazed cry of crickets in the rice fields of Trino and it was
the same scream I heard as a child, dagger
of a cruel voice, something that knew me
and punished me with a single, very high vowel.
What do you want from me, dark hisses? Why did you choose me?
Or am I one of you and have I been always drilling
my life? I have the throatless necklace and I come down
to visit you, I look at the drop that falls on my knee
and splits it into pieces, I follow in the footsteps
traced by a blind foot and I don't know how to kill you
without killing myself, in the immense
silence of the herons, in my nameless one, in that love
that splits into two unknown halves and becomes extinct.

LA STANZA CHE GIRA SU STESSA

Separazione, separazione ingiusta, illegale, assoluta,
separazione da tutti voi che siete stati nei negozi
e vi siete uniti, vi siete uniti alle luci
del mondo intero, vi siete uniti per sempre alla storia
e alle creature, ma io no io so
che qualcosa di mai congiunto
circola nel sangue, qualcosa che mi ha divaricato
per sempre e la luna non concorda
con il mio battito terrestre e ora io mi fermo in un luogo
qualsiasi e lo riempio di purissima benzina,
la benzina che amavo da bambino ai distributori
della A7, e chiudo in ventidue metri quadrati
il mio episodio.

THE ROOM THAT SPINS ON ITSELF

Separation, unjust, illegal, absolute separation,
separation from all of you who have been to the shops
and joined, you joined the lights
of the whole world, you have joined history forever
and the creatures, but I have not, I know
that something never joined
circulates in the blood, something that pulled me apart
forever and the moon runs against
my earthly pulse and now I stop in the middle of
nowhere and I fill it with the purest fuel,
the fuel I loved as a child at the gas stations
of the A7, and close my episode
in twenty-two square meters.

R.B.

Vedevi troppo, vedevi ogni dettaglio
della vita e dei suoi sotterranei, vedevi i globuli
sperduti nella caverna, udivi il loro grido.
E poi il giallo. Sentivi ogni alito del giallo.
E il giallo, lo dicevi sempre, non è solo un colore.
Il giallo grida. Il giallo entra
nei morti e li dissolve, è il capogiro che non torna
più da noi. Vedevi *troppo*. Vedevi l'assoluta metà
di ogni cosa e l'immenso di una mano,
sentivi l'inferno dei tuoi occhi, sentivi
i sensori e i processori dentro il sangue
che ti scagliavano fuori da tutte le creature,
vedevi il segreto, la pietra nascosta di ogni vicenda,
il legno freddo del nostro mistero,
sentivi un gelo precedente a quello umano
e hai sparato.

R.B.

You saw too much, you saw every detail
of life and its underground, you saw the globules
lost in the cave, you heard their cry.
And then the yellow. You felt every breath of yellow.
And yellow, you always said, is not just a color.
Yellow screams. Yellow enters
into the dead and dissolves them, it is the vertigo that no longer
    returns
to us. You saw *too much*. You saw the absolute half
of everything and the immensity of a hand,
you felt the hell of your eyes, you felt
the sensors and processors inside the blood
that threw you out of all creatures,
you saw the secret, the hidden stone of each story,
the cold wood of our mystery,
you felt a chill previous to the human one
and so you pulled the trigger.

GIANNI HOFER

Strane avventure terrestri finiscono di colpo: erano apparse
in un'aula del liceo Manzoni,
mentre guardavo ammirato quel ragazzo senza parole
e lui chinava la testa, chinava il rettangolo nero e pesante
dei suoi occhiali su una severa grisaglia, con quella penna
sempre in mano e traduceva traduceva traduceva,
portava su questa terra suoni antichi e perduti, ci svelava
un mondo di scudi e leoni di pietra, quando a fine agosto
Leonida combatté con l'infinito
e poco dopo, a Platea, l'universo tremò di paura.
Gianni era quella paura. Ed era
l'unico amico della mia vita e un mattino
gli chiesi di venire con me al Giuriati per correre insieme
e lui sorrise di luce aperta ma rispose non posso
e poi parlò di Filippide e del suo annuncio meraviglioso
con un lampo negli occhi e poi fino all'ultimo giorno
nella stanza più remota dei folli non disse più niente.

Gloriose avventure terrestri finiscono in silenzio:
erano apparse.

GIANNI HOFER

Strange earthly adventures end suddenly: they had appeared
in a classroom of the Manzoni high school,
as I watched in admiration that wordless boy
and he bowed his head, bowed the heavy black rectangle
of his glasses on a severe grisaille, with that pen
always in hand and translated translated translated,
he brought ancient and lost sounds to this earth, he showed us
a world of shields and stone lions, when in late August
Leonidas fought with infinity
and soon after, in Plataea, the universe trembled with fear.
Gianni was that fear. And he was
my only close friend and one morning
I asked him to come with me to the Giuriati rec center to run together
and he smiled brightly but answered I can't
and then he spoke of Philippides and his wonderful announcement
with a gleam in his eye and then until the last day
in the furthest room of the madmen he said nothing more.

Glorious earthly adventures end in silence:
they had appeared.

DOPPIO PASSO

Qui, fra le trottole e il gatto parlante, in questa camera
dove ondeggiavano i vetri e la fiaba ci proteggeva,
proprio qui si svuota più veloce la clessidra
nel pavimento rosso delle sette capriole
si asciuga all'improvviso l'oceano dell'infanzia,
balbetta una lingua morta nelle nostre mani calcinate
che ieri furono sorgente e primavera, foglio e inchiostro,
proprio qui irrompe la fine che scruta solo noi e tace,
tace in un respiro di salgemma.

E allora facciamo silenzio, mio piccolo amore, slacciamo
i sandali, togliamo il braccialetto di cuoio:
chiuderemo la porta e scenderemo, scenderemo
con i nostri pochissimi anni nell'occulto che ci chiama,
mentre il pavimento prende il colore della notte,
scenderemo noi due, scenderemo noi soli, perderemo
la vita.

TWO STEP

Here, between the spinning tops and the talking cat, in this room
where the glass swayed and the fairy tale protected us,
here where the hourglass empties faster
on the red floor of the seven somersaults
the ocean of childhood suddenly dries up,
a dead tongue stammers in our plastered hands
that yesterday were wellspring and Spring, sheet and ink,
right here the end bursts scrutinizing only us and is silent,
the end is silent in a breath of rock salt.

And so let's stay silent, my little love, let's undo
our sandals, take off our leather bracelets:
we will close the door and go down, we will go down
with our handful of years in the occult that is calling us,
while the floor takes on the color of the night,
we will go down, the two of us, we will go down alone, we will lose
our life.

AURORA CON PROIETTILI

La chiamano così, *Sindrome della gamba irrequieta*,
ma io la chiamo vergogna vergogna vergogna
il mio errore totale è piombato
in ogni cosa, è entrato nelle vene della terra,
nei grandi vasi notturni e nella via
stretta del mio nome, è chiuso nel midollo
di queste misere ginocchia e nessun crepaccio
è profondo come le mie rughe:
mi sono consegnato al nulla per vergogna
e stanchezza di me, per vergogna vergogna vergogna
il termometro cresce all'impazzata, esplodono
tutte le sfere d'acciaio in un solo cervello.

AURORA WITH BULLETS

That's what they call it, *restless leg syndrome*,
but I call it shame shame shame
my total mistake plumbed
into everything, it entered the veins of the earth,
the large nocturnal vases and the narrow
street with my name, it is locked in the marrow
of these poor knees and no crevices
it's as deep as my wrinkles:
I gave myself up to nothing out of shame
and tiredness of myself, for shame shame shame
the thermometer rises wildly, all the steel
balls explode in a single brain.

FILASTROCCA DEL NOME PERDUTO

Nel buio di un mattino te ne andrai anche tu
e scorderai le tue mani le tue frasi le tue
estati di poesia e allora te ne andrai
nel buio di un mattino e non dirai più
il tuo nome il tuo respiro il tuo gemito non
studierai più la metrica del tuo dolore e tra poco
ce ne andremo anche noi nasconderemo
i nostri volti i nostri versi i nostri vani
istanti di poesia affonderemo
nella lingua morta affonderemo nell'acqua
passata affonderemo in un punto
qualsiasi dello Scrivia e non diremo il nostro
nome il nostro respiro scritto in sillabe,
non diremo, non
diremo.

LULLABY OF THE LOST NAME

You too will go in a morning's darkness
and will forget your hands, your phrases, your
summers of poetry and then you'll go
in a morning's darkness and no more will you say
your name your breath your moan nor
will you study the metrics of your sorrow and soon
we will go too we will hide
our faces our verses our vain
moments of poetry we will sink
in the dead language we will sink into the water
of the past we will sink into any
point along the Scrivia River and we will not say our
name our breath written in syllables,
we will not say, will not
say.

ALLA

Orfana ti chiamavano fin dalla nascita. Ti mancava
qualcosa, ti mancava interamente,
ti mancava per sempre ed era il cerchio sbagliato
di un compasso o la goccia che non trova
il suo torrente, era l'anima bambina dispersa
nelle grandi pianure o il canto delle betulle
svanito in un battere di ciglia.
L'intero ti fa sanguinare.
Cammini tra rifiuti, cadi per terra, senti le pietre
radioattive, le ultime vibrazioni
di un insetto e la sua sostanza evaporata, il gelo
diffuso in ogni ramo e poi la tua gola,
la tua gola benedetta, la decisione di non respirare.

TO THE

Orphan they called you from birth. You were missing
something, you were lacking entirely,
you missed it forever and it was the wrong circle
of a compass or the drop that does not find
its torrent, the lost child soul
in the great plains or the song of the birches
vanished in the blink of an eye.
The wholeness makes you bleed.
You walk through rubbish, fall to the ground, feel the radioactive
stones, the last vibrations
of an insect and its evaporated substance, the frost
spread in every branch and then your throat,
your blessed throat, the decision not to breathe.

IL PENULTIMO DISCORSO DI DANIELE ZANIN

Le antenne si muovono nel vento
il corpo ondeggia ma è deciso a pronunciare
ad alta voce le sue accuse. E tutto il quartiere,
con il fiato sospeso, scruta quel ragazzo alto e magro
in piedi sul tetto, con il golf bianco e le dita
coperte di farina. Ognuno attende la sentenza.
Ognuno affonda nel mistero
di se stesso e guarda in alto, non sa
dove si trova esattamente
ma sa che quelle parole sono per lui
e lui, mentre ascolta, le sta pronunciando.

"Mi chiamo Daniele e ho pensato seriamente alla vita.
La vita ed io siamo state due creature
che si accusavano a vicenda, finché un'energia furiosa
ci ha spinti l'una contro l'altro e ho cominciato
a vedere l'altra faccia di ogni foglio, ho cominciato
a nuotare nei laghi del tramonto e ora sono qui
con gli occhi forati e le lacrime di piombo
e vi ho chiamati ogni mattina, vi ho chiamati
uno per uno per nome e per cognome
finché non vi ho più visti e cominciò
questo mio sempre
di ore deserte e istanti morti."

THE PENULTIMATE SPEECH OF DANIELE ZANIN

The antennas move in the wind
the body sways but is determined to pronounce
its accusations aloud. And the whole neighborhood,
with bated breath, scrutinizes that tall, thin boy
standing on the roof, wearing a white sweater and fingers
covered in flour. Everyone awaits the sentence.
Everyone sinks into his own
mystery and looks up, not knowing
where exactly we find ourselves
but knowing that those words are for him
and he, while listening, is pronouncing them.

"My name is Daniele and I have seriously thought about life.
Life and I were two creatures
accusing each other, until a furious energy
pushed us against each other and I started
to see the other side of each sheet, I began
swimming in the sunset lakes and now I'm here
with pierced eyes and leaden tears
and I called you every morning, I called you
one by one by name and by surname
until I saw you no more and it began
this always of mine
made of deserted hours and dead moments."

"State attenti, tutti voi, perché non parlerò due volte.
Sono nato alla fine di una festa, al Gallaratese,
quando la bocciofila restò senza luce e tutti
se ne andarono.
Gridai che era tardi, ed era tardi.
La musica delle sfere precipitò in una zattera,
il mio pianto ammutolì e allagò tutta la vita,
mi divisi per sempre da me stesso, persi la mano
della fata e a tutti voi scagliai in faccia
il mio sacchetto di canditi."

"Nella vasca dove entrai un pomeriggio
vidi la fine separata dal suo inizio, vidi
le prime crepe del sorriso e divenni un istante ossidato,
una mezza notizia che nessuno raccoglie, vidi
la follia disegnata sulle mie unghie, vidi
per la prima volta i miei amati cavalli
fermi in una giostra di pietra,
mi aggiravo tra spigoli di buio, avevo un piede
immerso nella calce, studiavo i libri
degli antichi e dei moderni, riempivo la cucina
di appunti e foglietti. Poi l'artiglio di un gattino grigio
lacerò tutto il pensiero di Hegel."

"Cominciai a vedere nelle lampadine spente

"Be careful, all of you, because I won't speak twice.
I was born at the end of a party, in Gallaratese,
when the bocce club had an outage and everyone left.
I shouted that it was late, and it was late.
The music of the spheres crashed into a raft,
my tears fell silent and flooded the whole of my life,
I forever parted from myself, lost the hand
of the fairy and I hurled in your faces
my bag of candies."

"In the tub where I entered one afternoon
I saw the end separated from its beginning, I saw
the first cracks of the smile and I became oxidized for an instant,
half news that no one collects, I saw
the madness drawn on my nails, I saw
for the first time my beloved horses
stood still in a stone carousel,
I was wandering amidst dark corners, one foot
immersed in lime, I was studying the books
of the ancients and the moderns, I was filling the kitchen
of notes and leaflets. Then the claw of a gray kitten
tore apart all of Hegel's thought."

"I began to see in the unlit light bulbs
my father's face, I started to suck poison

il viso di mio padre, cominciai con la mia cannuccia
a succhiare veleno, mi immersi
nell'acqua passata
e apparve l'ombra dei lupi, entrò come un arpione
nella bocca, mi tolse la parola: sentivo le urla
dei pazzi in una culla di catrame
finché di colpo appassì l'ibisco e mi accorsi
che ormai da sette giorni sotto il mio cuscino
dormiva la morte."

with my straw, I plunged
into the flowing water
and the shadow of the wolves appeared, entered like a harpoon
in my mouth, taking my speech away: I could hear the screams
of madmen in a tar cradle
until suddenly the hibiscus withered and I realized
that for seven days now under my pillow
death had slept."

BORN IN 1951, De Angelis is considered, by Italian and English-language critics alike, to be the most prominent Italian poet of his generation. He is the author of eight books of poems, beginning with *Somiglianze* (*Resemblances*) in 1976 and continuing to *Tema dell'addio* (*Theme of Farewell*) of 2005, *Quell'andarsene nel buio dei cortilli* (*That Departure of Courtyards into the Dark*) of 2010, and the volumes included here, *Incontri e agguati* (*Encounters and Ambushes*) of 2015 and *Linea intera, linea spezzata* (*Solid Line, Broken Lines*), of 2021.

Tema dell'addio is an elegy for De Angelis's wife, the poet Giovanna Sicari, who died in Milan of cancer on the final night of 2003 at the age of forty-nine, and *Quell'andarsene nel buio dei cortilli* draws from the aftermath of that personal tragedy. *Incontri e agguati* is a book-length meditation inspired, for the first time in De Angelis's oeuvre, by his decades of teaching in a high-security prison on the outskirts of Milano and *Linea intera, linea spezzata* recounts a series of late life meetings with figures and shadows of the past.

From his publication of *Somiglianze* at the age of twenty-five forward, De Angelis has played a major part in Italian letters. In 2025 his early work appeared in a single volume: *Poesie dell'inizio: 1967–1973*. Known as well for his literary essays and for his translations of Virgil, Lucretius, Racine, Baudelaire, Maeterlinck, and Blanchot, among others, he also founded and edited, in the late 1970's, the important literary journal *Il Niebo*—the title taken from the Polish word for sky in an homage to the early twentieth-century

Polish symbolist Boleslaw Lesmian, who has proved to be an enduring influence on his work. In 1979 De Angelis published a surrealistic fairy tale, *La corsa dei mantelli* (*The Race of the Capes*) and in 1982 he published a book of essays and prose meditations, *Poesia e destino* (*Poetry and Fate*).

    De Angelis won the Premio di Città Recanati in 2000; in 2005 *Tema dell'addio* was awarded Italy's most prestigious literary award, the Premio Viareggio. In 2011 *Quell'andarsene nel buio dei cortilli* was awarded the Premio Cetonaverde, the Premio Pascoli, the Premio Romagna, and the Premio Mondello. *Incontri e agguati* received the Premio Dessì, the Premio Nazionale di Poesia "Luciana Notari," and in 2016 the Premio Castello di Villalta Poesia. In 2017 De Angelis was awarded the prestigious Premio Lerici Pea for his body of work, and in 2018 the Vittorio Bodini International Literary Prize.